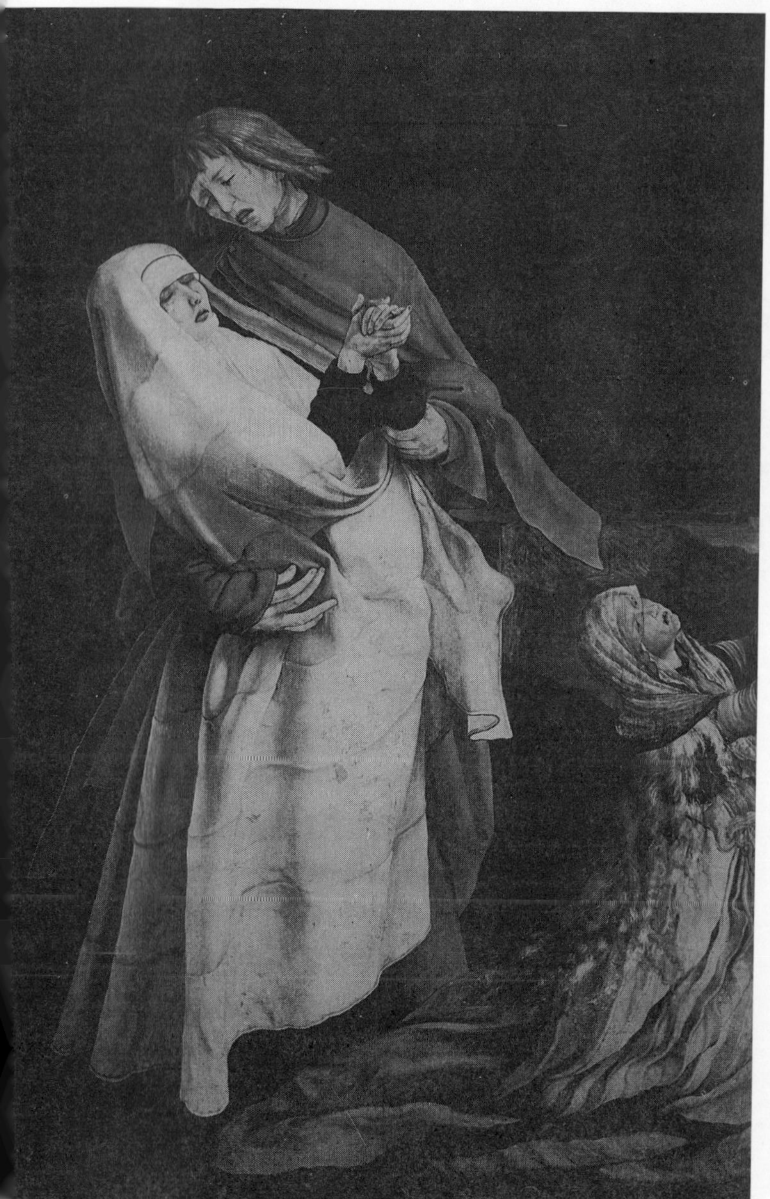

Maria und der heilige Johannes
Grünewald: Isenheimer Altar (Ausschnitt)

J. K. HUYSMANS / GEHEIMNISSE I

J. K. HUYSMANS

GEHEIMNISSE DER GOTIK

DREI KIRCHEN UND DREI PRIMITIVE

Aus dem Französischen und mit einem Anhang von
Stefanie Strizek
Mit 15 Bildbeigaben und einem weiteren Anhang
herausgegeben von Michael Farin

P. KIRCHHEIM

Erklärung zu diesem Buch

Verlag und Herausgeber distanzieren sich von den im Text *Frankfurt am Main* enthaltenen antisemitischen und rassistischen Passagen. Joris-Karl Huysmans hat, trotz oder wegen seiner undifferenzierten Argumentation, seiner plumpen Aggression, mit dazubeigetragen, Haß zu verbreiten. Geschrieben zu Anfang des Jahrhunderts sind Vorurteile dieser Art, ist dieses *verkehrte Denken* noch immer nicht überwunden. Eine Entschuldigung, eine akzeptable Erklärung für diese Ausfälle gibt es nicht.

Satz und Litho: Fertigsatz, München
Druck und Bindung: Fuldaer Verlagsanstalt, Fulda
Printed in Germany
ISBN 3-87410-044-8

D R E I K I R C H E N

DIE SYMBOLIK DER NOTRE-DAME-KIRCHE, SAINT-GERMAIN-L'AUXERROIS, SAINT-MERRY

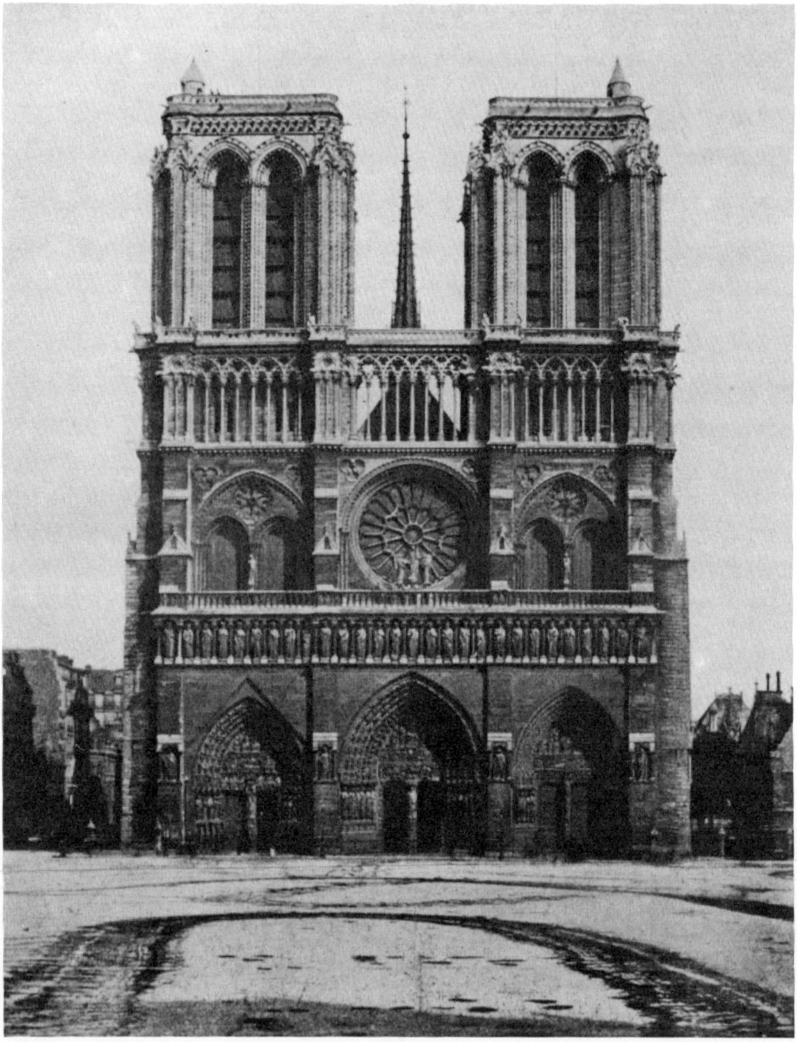

Notre Dame

DIE SYMBOLIK DER NOTRE-DAMEKIRCHE

Victor Hugo, Montalembert, Viollet-le-Duc [1] und Didron [2] verdanken wir das Erwachen der Loblieder, die heute die vom XVII. und XVIII. Jahrhundert in Frankreich so arg verachtete gotische Kunst verherrlichen. Nach ihnen kamen Urkundensammler und -sucher und gruben aus den Archivladen die Geburtsmatrikeln mit den Namen der Meister „des rohen Steines", der Erbauer der Kathedralen aus; und immer noch werden die Nachforschungen in den papiernen Friedhöfen der Provinz fortgesetzt. Welches ist nun zur Stunde das Ergebnis dieser vom Romantismus hervorgerufenen Bewegung?

Alle Architekten, alle Archäologen, von Viollet-le-Duc bis zu Quicherat [3], sahen in der Spitzbogenbasilika nichts anderes als einen steinernen Körper, dessen Entstehen sie in widersprechender Weise erklären und dessen Organe sie in mehr oder minder sinnreicher Art beschreiben. Sie haben besonders die sichtbare Arbeit der verschiedenen Zeiten, die Veränderungen, die von einem Jahrhundert zum anderen sich ergaben, festgestellt; sie waren Physiologen und Historiker zugleich, doch kamen sie schliesslich zu dem, was man als den Materialismus der Baudenkmäler bezeichnen könnte. Sie haben nur die Schale und Rinde gesehen — sie haben ihre Augen bei der Betrachtung des Körpers ausgegeben und die Seele vergessen.

Und doch haben die Kathedralen eine Seele — das Studium der Symbolik beweist es! Die Symbolik, die Kunst, eine Gestalt oder ein Bild als Zeichen und Ausdruck für einen anderen Gegenstand zu verwenden, ist die führende grosse Idee des Mittelalters gewesen, und ohne sie ist nichts aus diesen fernen Zeiten erklärlich. Wohl wissend, dass alles hienieden sinnbildlich ist, dass die sichtbaren Dinge und Wesen nach Ausspruch des heiligen Dionysius Areopagita [4] nur sichtbare Abbilder der Unsichtbaren sind, machte die Kunst des Mittelalters es sich zur Aufgabe, Gefühle und Gedanken durch die körperlichen, vermannigfachten Gestalten von Stein und Glas auszudrücken und schuf sich zu ihrem Gebrauche ein eigenes Alphabet. Eine Statue, ein Bild konnten ein Wort, eine Wortgruppe, den Beginn eines neuen Schriftsatzes, ja ganze Sätze bedeuten. Die Schwierigkeit besteht nur darin, sie lesen zu können — doch lässt sich das Zauberbuch entziffern. Bücher, wie der „Weltspiegel" des Vincentius von Beauvais [5], das „Speculum Ecclesiae" des Honorius von Autun [6] (die von Male so richtig gewertet werden), das Spicilegium von Solesmes [7], die Apokryphen und die „Legenda Aurea", liefern uns den Schlüssel dieser Rätsel.

Man wird die Bedeutung, die der Symbolik im XIII. Jahrhundert von der Welt- und Ordensgeistlichkeit, von den Malern und Bildnern, ja sogar vom Volke selbst beigemessen wurde, begreifen, wenn man der Tatsache Rechnung trägt, dass die Symbolik einer göttlichen Quelle entspringt, dass sie die Sprache ist, deren Gott selbst sich bediente.

Sie ist in der Tat wie ein reichbelaubter Baum aus dem Boden der heiligen Schrift herausgewachsen; den Stamm bildet die Symbolik der Schriften, die Zweige sind die Allegorien der Architektur, der Farben, der Edelsteine, der Fauna und Flora, die Hieroglyphen jene der Zahlen.

Diese verschiedenen Zweige können wohl Anlass zu mehr oder minder sicheren Auslegungen bieten; anders verhält es sich bei ihrem Grundstock, bei der Symbolik der Schriften, die klar ist und allezeit für richtig und genau gehalten wurde. Wem ist es nicht bekannt, sagt uns St. Gregor der Grosse [8], dass das alte Testament die Prophezeiung des neuen und das neue die Offenbarung des alten ist, dass folglich die mosaische Religion in Sinnbildern das enthält, was die katholische Religion uns als Wirklichkeit kundtut? Die heilige Schrift ist eine Fülle von Bildern; wie St. Paulus versichert, erschien den Hebräern alles in Gesichten, in bildlicher Weise. Christus brachte dies seinen Jüngern zu wiederholten Malen in Erinnerung, und er selbst bediente sich fast immer, wenn er zum Volke sprach, der Parabel, oder, wenn man es anders bezeichnen will, der allegorischen Erzählung, die ihm gestattete, einen Gegenstand zu entschleiern, während er einen anderen vor Augen führte.

Es ist darum gar nicht verwunderlich, dass das Mittelalter einer Tradition folgte, die ihm nach den Lehren des Messias durch die Kirchenväter übermittelt worden war, und deren Verfahren am Hause des Herrn in Anwendung brachte.

Nachdem dies gesagt ist, müssen wir noch hinzufügen, dass zu der Vorsichtsmassregel, die Wahrheit der Glaubensdogmen in äussere Konturen und in Gestalt gewisser Zeichen, in einen Kirchenbau einzuschliessen, das Mittelalter noch obendrein die Heiligenlegenden und die apokryphen Evangelien in gemalte oder gemeisselte Linien übersetzen wollte; er sollte zugleich ein Lehrkurs der Hagiographie und frommen Legenden und ein Predigtbuch sein, das dem Volke vom Kampfe der Tugenden und Laster erzählte, ihnen Nüchternheit und Arbeit predigte (wie deren Notwendigkeit in der Parabel von den weisen und den törichten Jungfrauen dargestellt wird); er sollte das Volk gemahnen, stets bereit zu sein, vor Gott zu erscheinen; nach und nach sollte es so, von Predigten begleitet, zum Tage des Todes, der ihm gleich beim Eintritt in die Kathedrale in derber Weise durch die Bilder des jüngsten Gerichtes und der Seelenwage enthüllt wurde, geleitet werden.

So war denn das Gotteshaus, die Kathedrale, ein Ganzes, eine allumfassende Synthese; sie war die Bibel und der Katechismus, Moral- und Geschichtsunterricht; sie ersetzte für den des Lesens Unkundigen den Text durch Bilder.

Nun sind wir durch diese hier gegebenen Voraussetzungen von der Archäologie, dieser armseligen Wissenschaft von der Anatomie der Bauwerke, weit abgekommen.

Sehen wir nun, indem wir die Lehren der Symbolik heranziehen, was die Notre-Damekirche von Paris bedeutet, welches der Sinn ihrer verschiedenen Organe ist, welche Worte sie spricht, welche Gedanken sie enthüllt.

Ihre Sprache, ihre Begriffe und Gedanken unterscheiden sich nicht wesentlich von jenen ihrer grossen Schwestern zu Chartres, Amiens, Strassburg, Bourges und Reims, nur dass sie vielleicht einen Hintergedanken, der ein klein wenig an Ketzerei gemahnt — und den ich späterhin erläutern werde — vor uns verbirgt; wir können darum, um sie zu ergründen, bei ihr, wie bei den anderen die allgemeinen Theorien des Symbolismus in Anwendung bringen.

Beschäftigen wir uns zuerst mit dem Inneren. Durand, Bischof von Mende, der im XIII. Jahrhundert, also zur Zeit, da Notre-Dame erbaut wurde, lebte, lehrt uns, dass ihre Türme die Prediger darstellen sollen; diese Behauptung wird durch die den Glocken beigelegte Bedeutung bestätigt. Die Glocken sollen durch ihre Predigten oben in den Lüften die Christenheit an die Tugenden gemahnen, die sie üben muss, um sich zur Höhe der Türme, dem Sinnbild der Vollkommenheit, zu welcher die Seelen sich aufzuschwingen versuchen, zu gelangen. Nach einer anderen Auslegung, die in der Schriftensammlung von Solesmes durch Peter von Mora, Bischof von Capua, vertreten wird, würden die Türme hauptsächlich die Jungfrau Maria und die Kirche, über die zu ihren Füssen ausgebreitete Stadt wachend, darstellen.

Das Dach ist das Sinnbild der christlichen Nächstenliebe und Barmherzigkeit; die Dachziegel, die das Gotteshaus vor dem Regen schirmen, sind die Soldaten, die die Kirche vor heidnischen Überfällen schützen; die miteinander verbundenen Mauersteine stellen nach dem heiligen Nilius[9] die Vereinigung der Seelen dar — nach Hugo von Saint-Viktor[10] die Verbindung der Laien und Geistlichen, aus denen die christliche Gesellschaft sich zusammensetzt und die, wie er sagt, die beiden Seiten eines und desselben Körpers bilden.

Und diese durch Mörtel, den Ives von Chartres der Barmherzigkeit vergleicht, verbundenen Steine, bilden wiederum die vier grossen Mauern der Basilika, die vier Evangelisten, wie sie in seinem „Tractatus super aedificium" Prudentius von Troyes[11] benennt; nach Auslegung anderer bedeuten sie hingegen die vier Haupttugenden: Gerechtigkeit, Stärke, Klugheit und Mässigkeit. Die Fenster sind die Sinnbilder unserer Sinne, die für die Eitelkeiten dieser Welt verschlossen, für die Gaben des Himmels aber geöffnet sein sollen; sie sind mit Scheiben, durch welche die Strahlen der Sonne hindurchleuchten — der Sonne der Gerechtigkeit, die Gott bedeutet — versehen; sie bedeuten auch nach Hugo von Saint-Viktors Theorie die Bibelschriften, die erleuchten, doch Sturm, Schnee und Regen abwehren — ein Gleichnis für die Irrlehren, die der Satan, der Vater des Zwiespaltes und der Lügen, ausspinnt.

Die Notre-Damekirche hat zu Ehren der heiligen Dreifaltigkeit drei Portale; das mittlere, das sogenannte Königsportal, wird durch eine Säule, auf der eine Statue Christi ruht, der ja im Evangelium Johannis selbst von sich sagt: „Ego sum ostium" — in zwei Teile geteilt. Die in dieser Weise zweigeteilte Eingangspforte bedeutet die beiden Wege, welche dem Menschen einzuschlagen freistehen.

Diese Allegorie wird noch durch das Bild des jüngsten Gerichtes ergänzt, welches das Bogenfeld des Portals einnimmt und dem Sünder das Los, das seiner, je nach der Wahl des einen oder des anderen Weges, harrt, vor Augen führt.

Wir können in wenigen Zeilen die gegebenen Anschauungen zusammenfassen, indem wir sagen, dass die christliche Seele vom Boden, vom Fusse der Türme ausgehend, sich mit dem Glauben an die ursprünglichen Wahrheiten der Religion, wie sie durch die Gruppen der drei Portale dargestellt werden: die Dreieinigkeit, die schon durch die Anzahl der Eingänge verkündet wird, der Glaube an die Gottheit des Sohnes und an die göttliche Mutterschaft der Jungfrau, von dem uns die Bilder und Statuen erzählen, nach und nach, bei Ausübung der Tugenden, auf welche die Hauptmauern hindeuten sollen, bis zum Dache erhebt, dem Symbol der barmherzigen Liebe, die eine Unzahl von Sünden bedeckt und nach Ausspruch des heiligen Paulus die grösste aller Tugenden ist.

Nun muss die Seele, um die Nähe des Herrn zu erreichen, um mit ihm eins zu werden, nur noch die Höhe der Türme erklimmen, deren Spitzen das vollkommene, makellose Leben darstellen.

Und diesen Abriss der mystischen Theologie, den uns die Fassade der Notre-Damekirche lehrt, wir finden ihn verdichtet, in veränderter Ausdrucksweise, in andere Worte gekleidet in ihrem Innern wieder, im Gesamtbild des Langhauses, des Querschiffs und des Chors, diesen drei Stufen der Askese; das läuternde Büsserleben liegt, wie es schon das Dunkel des Einganges anzeigt, ferne vom Altar; das beschauliche, stets in Betrachtung Gottes und seiner Wahrheiten vertiefte Leben wird lichtvoller, je mehr es sich dem Chor nähert, während sich das mit Gott vereinigende Leben nur in dem Gott vorbehaltenen Teile — da, wo die von der Sonne der Gerechtigkeit in den Scheiben der Fensterrosen entzündeten Strahlen einander treffen — entfalten kann.

Die innere Gestalt der Notre-Damekirche ist wie die der meisten grossen Basiliken kreuzförmig.

Wie uns in seiner Abhandlung „De Divinis officiis" der Benediktiner Rupert, der im XII. Jahrhundert Abt des Klosters von Deutz gewesen, lehrt, gelten die Dimensionen des Kreuzes in Höhe, Länge und Breite auch für die Kirche, die seine Gestalt wiedergibt, denn die Tiefe bedeutet den Glauben, die Länge die Standhaftigkeit, die

Breite die Barmherzigkeit und die Höhe die Hoffnung auf die Belohnung im Jenseits.

Wenn wir nun auf die Einzelheiten des Ganzen übergehen, so finden wir, dass nach der Erklärung des anonymen „Psalterium glossatum" des XI. Jahrhunderts das Gewölbe das Sinnbild des himmlischen Lebens ist, dass die Pfeiler die Apostel bedeuten und dass nach Durand von Mende die Säulen (die Petrus Cantor seinerseits ihrer Kraft wegen mit Christus selbst vergleicht) die Bischöfe und Kirchenväter, die durch ihre Lehren die Kirche stützen, darstellen; dass die Fliesen das Sinnbild der Demut sind und dass sie auch, da sie mit Füssen getreten werden, die Leiden und Mühsale, die die Gläubigen dem Glaubensdienste weihen, verkörpern; dass die Emporkirche, die fast überall weggelassen und durch das mehr oder minder wohlgeformte Gehäuse der Predigtkanzel ersetzt wird, als Sinnbild des Berges, von dessen Höhe herab Gottes Sohn gesprochen, aufzufassen ist. Der Chor und das Allerheiligste sind die Symbole des Himmels, während das Schiff die Erde vertritt; und da man sich von der Erde zum Himmel nur durch die erlösenden Leiden des Kreuzes zu erheben vermag, richtete man früher am Scheitelpunkt des mächtigen Bogens, der das Schiff mit dem Chor verbindet, ein riesenhaftes Kruzifix auf.

Dank der Unwissenheit der Architekten und Pfarrer ist dieses gigantische Kreuz seit langem aus der Notre-Damekirche verschwunden.

Das Wahrzeichen, das die Trennung der beiden Welten kennzeichnen soll, besteht in dieser Kirche nur noch in dem den Chor umfriedenden Gitter, das die beiden Zonen gegeneinander abgrenzt — jene Gottes und die der Menschen, wie der heilige Gregor von Nazianz in einem Gedichte, welches der Abbé Thiers zitiert, sagt.

Die Apsis, die sich hinter dem Allerheiligsten rundet und in den meisten Kathedralen die Gestalt eines Halbkreises zeigt, erinnert ihrerseits wieder an die Dornenkrone, auf die sich das blutige Haupt des Erlösers am Kreuze stützte. In den meisten Kirchen ist die letzte Kapelle der Muttergottes geweiht, um schon durch die räumliche Lage, die sie einnimmt, zu bezeugen, dass Maria die letzte Zuflucht der Sünder ist; doch hier, da ihr das ganze Gebäude geweiht ist, hat sie keine eigene Kapelle am Ende der Chorhaube, und der ihr hier nicht gewidmete Raum wird von einem Betkämmerchen eingenommen, in dem die Hostien aufbewahrt werden.

Wenn nun die hinter dem Hauptaltar gelegene Apsis das schmerzensreiche Diadem bedeutet, das das lebende Haupt Christi umgab, so ist der Altar selbst sein Kopf, wie die ausgebreiteten Arme des Querschiffes seine Arme, wie die am Ende der beiden Hälften des Transeptes geöffneten Türen die Wundmale seiner Hände und die Türen des grossen Eingangsportales die Wunden seiner nägeldurchbohrten Füsse sind. Stellt man sich endlich in das Mittelschiff der Notre-Damekirche, so kann man wahrnehmen, dass die Achse des Chors sich leicht nach links hinneigt.

Diese Knickung finden wir beinahe überall wieder: in der Kirche von Saint-Ouen und in der Kathedrale von Rouen, im St. Johannesdom zu Poitiers, in der Notre-Damekirche von Chartres und Reims, in St. Galien in Tours, St. Germain des Prés in Paris, wie in St. Nicolas du Port bei Nancy — und in fast allen grossen Basiliken des Mittelalters.

Die beständige Wiederholung dieses Kunstkniffes ist also eine gewollte und hat ihre Daseinsberechtigung! Bisher galt diese Abweichung der Chorachse für eine Anspielung auf die Körperstellung des am Marterpfahle ersterbenden Heilands; so wurde die Stelle aus dem Evangelium Johannis, die da lautet: „Et inclinato capite, tradidit spiritum", in die Sprache der Architektur übersetzt. Doch die École des Chartes, die seit dem Tode Léon Gautiers [12] und Lecoy de la Marches [13] eine Art Laboratorium der Judophilen und Protestanten geworden ist, dessen Zweck die Herabwürdigung des Mittelalters, das ihre früheren Lehrer gepriesen und erhoben hatten, zu sein scheint — hat nun alles geändert. Heute ist die Symbolik durch sie in die Rumpelkammer verbannt worden, und es wird da der allerniedrigste und elendste archäologische Materialismus gelehrt. Typisch hierfür ist eine Broschüre, die den Titel trägt: „Ist die Abweichung der Kirchenachse symbolisch" und deren Verfasser, Herr von Lasteyrie [14], Mitglied des Institut de France, eines der Häupter dieser Schule ist.

Lasteyrie antwortet in negativer Weise auf seine eigene Frage und erklärt, dass er keinerlei mittelalterliche Aufzeichnungen habe finden können, die darauf Bezug hätten, fügt aber sogleich hinzu: „Sollte jemals der Zufall eines aus den Geheimfächern unserer Bibliotheken ans Licht bringen, so glaube ich nicht, dass ihm grosse Bedeutung beizulegen wäre, da dieses Dokument vereinzelt genug dastände, dass man kühn seinen Wert bestreiten könnte."

Das ist wohl einfach genug! Zum mindesten ist diese Art, sich zu decken, indem man jedwedem Dokument, das seine These in Nichts zusammenfallen lassen könnte, alle Bedeutung abspricht, offenherzig; jedenfalls ist sie sehr vorsichtig.

Doch zu gleicher Zeit, da er uns bezeugt, dass die Neigungslinie der Chorhauben unabsichtlich ist und durch keinerlei mystische Absicht eingegeben wurde, versucht er, uns Gründe für diese beharrlich wiederkehrende Anomalie der Achsen anzugeben, uns die Gründe zu erklären, welche die Kirchenerbauer des Mittelalters veranlassten, sie zu begehen. Und nun enthüllt uns dieser Veteran der Makulatur Argumente, deren ausserordentliche Armseligkeit uns entwaffnet.

Nachdem er uns erzählt, was wir bereits wissen, nämlich dass die Kirchen in unterbrochenen Bauperioden und nicht aus einem Gusse geschaffen wurden, sagt er ganz ernsthaft:

„Es folgt daraus, dass die Baumeister, welche die Fortsetzung der Arbeiten leiteten, das neue Mauerwerk mit den früher errichteten Teilen in Einklang bringen mussten, eine Aufgabe, deren ganze Schwierigkeit man erst begreifen wird, wenn man sich vergegenwärtigt, dass die Abhaltung des Gottesdienstes in einem Teile der Kirche dazu zwang, zwischen diesem und jenem, an dem nun die Arbeiten fortgesetzt wurden, Bretterwände oder Mauern zu errichten, die den Überblick völlig unmöglich machten.

Da man aber im Mittelalter keines der Instrumente kannte, die es heute dem Architekten ermöglichen, mit Genauigkeit Entfernungen abzuschätzen und trotz aller Schwierigkeiten die kompliziertesten Linien miteinander in Einklang zu bringen, so waren die damaligen Baumeister beim Nehmen der Merkzeichen in grosser Verlegenheit, und der geringste Irrtum hatte eine offensichtliche Abweichung der Baulinie zur Folge.»

Das ist allerdings eine sehr schlaue Lösung. Die immerwiederkehrenden Unregelmässigkeiten im Bau der Kirchen beruhen also lediglich darauf, dass die Baukünstler des Mittelalters ihr Handwerk nicht verstanden haben und nicht mit modernen Instrumenten versehen waren.

Eine Holzwand zwischen dem vollendeten und dem im Bau begriffenen Teile genügte, um ihnen den Kopf zu verdrehen, und alle irrten, keiner fand bei seinen Berechnungen das Richtige heraus.

Gewiss, die Linienzieher, die im XIX. Jahrhundert die Kirchen Skt. Francois-Xavier, Notre-Dame-des-Champs und Saint-Pierre von Montrouge erbaut haben, sie waren, was die Wissenschaft anlangt, den armen Baumeistern, die die Kathedralen von Chartres, Reims und Paris gebaut hatten, weitaus überlegen, denn sie haben sich keine

Unachtsamkeiten zuschulden kommen lassen; sie haben die unantastbaren Regeln des Senkbleis geachtet und haben den Chor ihrer Kirchen nie auf eine Seite hinneigen lassen!

So sehen die Lehren der architektonischen Orthopädie aus, die heute in der École des Chartes feilgehalten werden.

Doch lassen wir diese pedantischen Narrenspossen und kehren wir zu Notre-Dame von Paris zurück.

Sie ist, um das Gesagte zusammenzufassen, nur eines der Blätter aus dem grossen, steinernen Buche, das im XIII. Jahrhundert auf unserem Heimatsboden geschrieben wurde; sie hält uns in der Isle de France denselben Lehrkursus mystischer Theologie, den zu gleicher Zeit ihre Schwestern in Chartres, Amiens und Reims (begnügen wir uns, diese drei zu zitieren) in der Beauce, der Picardie und der Champagne lehrten; sie bedient sich derselben Sprache wie diese, und die Einhelligkeit der Lehren und Ausdrücke wird uns verständlich, wenn wir in Erwägung ziehen, dass die Künstler dieser Epoche nie etwas anderes waren, als die Dolmetscher der Gedanken der Kirche. Wie Male in seinem gründlichen Werke „Die kirchliche Kunst im XIII. Jahrhundert" ganz richtig hervorhebt, erklärten schon 787 die Kirchenväter des Konzils von Nicäa, dass die Komposition der Bilder nicht der Initiative der Künstler überlassen werden dürfe; sie bringe von der Kirche und von der religiösen Tradition aufgestellte Prinzipien zur Anschauung, und die Kirchenväter fügten noch hinzu: „Nur die Kunst gehört den Künstlern — die Anordnung und Verteilung gehört uns."

So waren denn Theorie und Ausdruck unwandelbar, und Baumeister und Maler hatten sich nur an die Regeln der Symbolik zu halten, welche ihnen die Mönche und Priester angaben.

Doch wurde diese hermetische Sprache, die jenen, die sie kannten, wohl klar war, auch vom Volke verstanden?

Wir können es nach einigen Mitteilungen, die wir besitzen, wohl annehmen. Ives von Chartres bestätigt uns in seinem „De Sacramentis ecclesiasticis sermones" tatsächlich, dass die Geistlichkeit das Volk die Wissenschaft der Symbole lehrte, und aus den Nachforschungen Dom Pitras geht ebenfalls hervor, dass im Mittelalter das Werk des Pseudo-Melito[15], Bischofs von Sardes, das den Schlüssel zu den von der Kirche angewandten Allegorien enthält, volkstümlich und allbekannt gewesen ist.

Diese, wenn ich so sagen darf, offizielle Symbolik war also allen Gläubigen zugänglich, doch gibt es noch eine andere, die wir in der Notre-Damekirche finden, es ist eine geheime, verschleierte Symbolik, nur wenigen Eingeweihten verständlich; sie stammt von jener Wissenschaft, die man die „verdammte" nannte, und die im Mittelalter sehr gepflegt wurde.

Wurde diese nun, ohne Wissen der Geistlichkeit, die nichts davon verstand, an gewissen Teilen der Fassade eingeschmuggelt, oder wurden ihre Formeln den Bildnern von einem der Astrologie und Alchimie ergebenen Priester diktiert? Niemals wird man es erfahren; am wahrscheinlichsten dünkt uns jedoch, dass die Aufsteller von Horoskop- und Nativitätsthesen und die goldsuchenden Retortenbläser nachträglich in Vorwürfen rein religiösen Charakters Absichten zu entdecken geglaubt haben, die ihnen niemals zugrunde gelegt worden sind.

Jedenfalls wäre die Notre-Damekirche von Paris wohl die einzige von Frankreichs Kathedralen, wo ähnliche Geheimnisse unter dem offenbaren Schleier der heiligen Schriften verborgen worden wären.

Zwei der Fassadenportale — das in der Mitte gelegene Königsportal und jenes dem Kai zugewandte, von St. Anna und St. Marcellus — sind diejenigen, vor welchen sich im Mittelalter und auch späterhin die Adepten der Astrologie und die Philosophen der Goldmacherkunst zusammenfanden.

Am Königsportal werden vier Bildwerke als die Darstellungen der Symbole des „Steines der Weisen" angesehen; sie sind in vier einander paarweise gegenübergestellten Medaillons enthalten, und zwar sind sie nicht in das Portal selbst, sondern in die Strebepfeiler eingefügt. Hier finden wir sie in Manneshöhe, recht sichtbar und von dem dekorativen Gesamtwerke des Portals abgetrennt. Sie stellen folgendes dar: von oben ausgehend, links das erste, zeigt den von sichtbaren Würmern zerfressenen Hiob auf seinem Misthaufen sitzend, von seinen Freunden umgeben. Das zweite, eine einarmige Gestalt ohne Kopf, die, auf einen Stab oder eine Lanze gestützt, einen Strom überschreitet. In seiner Monographie über die Kathedrale von Paris erklärt Guilhermy, dass es unmöglich sei, diese Gestalt zu identifizieren. Es ist in der Tat schwer zu ergründen, welchen Namen dieser gute Mann eigentlich führte. Er nimmt die Stellung des auf seinen Stab gestützten heiligen Christoph, wie er den Fluss durchschreitet, ein, und der Bogen mit den Pfeilen, die man zu seinen Füssen gewahrt, wären wohl auch seine Kennzeichen, denn er wurde, ehe man ihn enthauptete, durch Pfeilschüsse getötet; wegen dieser Art der Folterqual, die er erduldete, wurde er auch Schutzpatron der Bogenschützen. Doch fehlt am oberen Teile des Medaillons der nötige Raum, um das Jesuskind auf seinen Schultern unterzubringen, und überdies weist auch die Rücken- und Kopfpartie des Heiligen keinerlei Spur einer abgebrochenen Statuette auf. Also ist es doch nicht Christophorus, und dieser Wandersmann bleibt bis auf Widerruf namenlos.

Auf der anderen Seite, ebenfalls von oben angefangen, finden wir rechts Abraham, seinen Sohn zu opfern bereit; ein Engel hält seinen erhobenen Arm zurück — der Arm ist aber nun, sowie die ganze Gestalt Isaaks und ein gut Teil des Engels verschwunden. Das letzte zeigt einen neben einem Turme stehenden Krieger, der, mit Helm und Panzerhemd bekleidet, auf einen Schild gestützt, einen Wurfspiess gegen die Sonne schleudert. Es könnte wohl Nimrod sein, der, alter Überlieferung gemäss, auf einen Turm gestiegen sein soll, um den Himmel und seine Bewohner zu bekriegen.

Wenn wir uns auf den Standpunkt der christlichen Symbolik stellen, bietet die Auslegung dieser Halbreliefs keinerlei Schwierigkeit; die Vorwürfe sind bis auf jenen des falschen St. Christoph klar, ihre Belehrungen deutlich; doch sind sie, man muss es zugeben, recht sonderbar isoliert; sie offenbaren keinen sinngemässen Zusammenhang mit den Gesamtskulpturen des Portals; sie bilden im Grunde genommen jedes für sich allein abgesonderte Sätze, die untereinander in keinem Zusammenhange stehen. Stellen wir uns auf den Standpunkt der spagirischen Symbolik, so können wir mit Gobineau de Montluisant[16], dem alten Vertreter hermetischer Philosophie[17], erkennen, dass Hiob die Verkörperung des Steines der Weisen ist, der manche Prüfung bestehen muss, ehe er die Vollkommenheit erreicht; dann erkennen wir auch, dass Abraham hier einen Alchimisten und Goldsucher, Isaak die Materie, die in den Probiertiegel geschüttet wird, und der Engel das zur Wandlung der Materie in Gold notwendige Feuer darstellt. Verbleiben noch der Pseudo-Christoph und Nimrod; doch die Zauberbücher der Alchimie belehren uns nicht über die genaue Bedeutung dieser Gestalten.

Andererseits haben die Astrologen, die seit undenklichen Zeiten dieses Portal als Pforte der Astrologie bezeichnen, stets in den Bildern, die es trägt, das Abbild der astronomischen Jungfrau und in dem von seinen Aposteln begleiteten Christus das Bild der am Horizonte aufsteigenden Sonne, umgeben von den Zeichen des Tierkreises, gesehen. Ob diese Ansicht nun begründet ist oder nicht, müssen wir ihrem Entstehen dennoch Dank wissen, denn sie ist es, der wir die Erhaltung eines Teiles des Portals verdanken. Tatsächlich hatte die Kommune im August 1793 die Zerstörung all dieser „Götzenbilder" des alten Religionsaberglaubens dekretiert; der Citoyen Chaumette[18] war es, der zugunsten der Wissenschaft dagegen Einspruch erhob, indem er ausführte, dass diese Zierate einen ganzen Lehrkurs der Astronomie in sich schlössen und Dupuis zur Aufstellung seines Planetensystemes gedient hätten — und so ward das Portal gerettet. Dies Königsportal wurde also und wird noch von den Anhängern der Astronomie und von den Hermetikern für ihre Gilde in Anspruch genommen. Die Nachbarpforte, jene der heiligen Anna und des heiligen Marcellus, war und wird es noch von den Alchimisten. Will man ihnen Glauben schenken, so steht das Rezept, das Geheimnis des Steines der Weisen unter der Statue geschrieben, die sich auf dem Pfeiler, der die Türöffnung in zwei Teile trennt, erhebt. Diese Statue, die nur eine Reproduktion ist, da sich das Original im Thermensaale des Museums von Cluny befindet, ist das Abbild eines Bischofs, der stehend, mit Mitra und Krummstab versehen, mit einer Hand seine Besucher segnet, während er mit dem Fusse einen Drachen zertritt, der aus einer Art von Totenkapelle, in der ein totes, in ein von Flammen umzüngeltes Bahrtuch gehülltes Weib sitzt, hervorkriecht.

Die Auslegung dieser Szene ist sehr einfach, und es genügt dazu, die Schriften der Bollandisten [19] aufzuschlagen. Da erzählt die Legende des heiligen Marcellus [20], des 9. Bischofs von Paris, tatsächlich, dass dieser Heilige die Stadt von einem grauenhaften Drachen befreite, der sein Lager in dem Sarge eines ehebrecherischen Weibes aufgeschlagen, das vor ihrem Tode nicht mehr Zeit genug gehabt hatte, Busse zu tun und die heiligen Sakramente zu empfangen; der Heilige schlug das Ungeheuer mit seinem Krummstabe, schlang ihm seine Stola um den Hals und führte es so einige Meilen weit von Paris fort, in eine wüste Gegend, wo er an das Ungeheuer den förmlichen Befehl, nie wieder nach der Stadt zurückzukehren, erliess, den dieses auch wirklich befolgte.

Fügen wir noch hinzu, dass bei den Umgängen der Kreuzwoche [21] die Geistlichkeit der Notre-Damekirche früher zur Erinnerung an dieses Wunder einen grossen, aus Weidenruten geflochtenen Drachen mittragen liess, in dessen geöffneten Rachen das Volk Kuchen und Früchte hineinwarf. Diese Sitte, die auf die Zeiten des Mittelalters zurückgeht, fand im Jahre 1730 ihr Ende.

So lautet die Auslegung der Kirche; anders jene der Alchimisten. In seinem Leitfaden der hermetischen Philosophie erklärt Cambriel diese Gestalt folgendermassen:

Zu Füssen des Bischofs, auf dem Sockel seiner Statue sind zu beiden Seiten steinerne Halbkugeln ausgemeisselt. Die Halbkugeln zur Rechten sollen die rohen Metallprodukte der Natur darstellen, wie sie aus den Gruben befördert werden, während jene zur Linken, die ebenso wie die Vorerwähnten von der christlichen Symbolik übergangen werden, bereits gereinigte Erze versinnbildlichen, was sich wiederum auf die in der Grabkapelle sitzende Menschengestalt bezieht, die aus dem Feuer, das ihr Bahrtuch umlodert, aufersteht.

Dies Krematorium soll nun das philosophische Ei im Reverberierofen darstellen; der Drache selbst, aus der menschlichen Gestalt erstanden, soll, indem er sich aus dem Feuerofen ans Tageslicht erhebt, unter den Füssen des Bischofs, den babylonischen Drachen bedeuten, von dem Nikolaus Flamel[22] spricht; mit anderen Worten gesagt, soll er das Sinnbild des Quecksilbers der Philosophen, des grünen Löwen, der Milch der heiligen Jungfrau, kurz derjenigen Substanz sein, die, in den Schmelztiegel geworfen, Blei in Gold verwandelt. Dieser Interpretation nach, würde der heilige Marcellus uns nicht segnen, sondern vielmehr eine ängstliche, vorsichtige Geste machen, die so viel bedeuten soll, als: seid stille und bewahrt das Geheimnis, wenn ihr es ergründet habt!

So absonderlich diese Auslegung auch erscheint, ist sie dennoch begreiflich, da jene, die das grosse Werk vorbereiten, sich unter den Schutz dieses Heiligen, der tatsächlich selbst etliche Verwandlungen ausgeführt hat, stellen können.

Einmal, als er noch Subdiakon war und dem Bischof Prudentius bei der Messe assistierte, verwandelte er, da es an Wein fehlte, Wasser, das er eben aus der Seine geschöpft hatte, in solchen; ein andermal verwandelte er das gleiche Wasser in eine wie das heilige Chrysamöl duftende Essenz.

Die von den Alchimisten in diesem Auserwählten, dem sie den Besitz des vielberühmten Geheimnisses zuschreiben, getroffene Wahl könnte demnach im ganzen genommen gerechtfertigt erscheinen. Wir müssen jedoch feststellen, dass der offizielle Schutzpatron der Spagiriker im Mittelalter nicht der heilige Marcellus, sondern Johann der Evangelist war, sei es, dass eine sehr alte Legende ihn als der Behandlung des Eisenerzes kundig darstellt, sei es, dass zwei Verszeilen in der ihm zu Ehren von Adam de Saint-Victor [23] verfassten Gedichtsfolge, die ihn uns aus Holz Gold und aus Kieselsteinen Edelsteine erzeugend vorführen, in verzweifelt wörtlicher Weise aufgefasst wurden*).

Wenn auch diese Erklärungen möglicherweise irrig sind — was liegt daran? Was liegt daran, wenn eine andere Legende, die erzählt, Bischof Wilhelm von Paris habe ein winziges Stückchen vom Stein der Weisen in einem Chorpfeiler verborgen, den man erkennen kann, wenn man der Richtung des Auges eines Raben, der auf einer der Eingangspforten ausgemeisselt ist, folgt, noch abenteuerlicher und fabuloser erscheint; wir müssen uns damit begnügen. Was wir daraus ganz einfach entnehmen müssen, ist, dass „Unsere liebe Frau" von Paris noch geheimnisvoller ist als ihre Mitschwestern; sie ist vielleicht

*) Qui de virgis fecit aurum
Gemmas de lapidibus.

weiser und sachkundiger, doch weniger rein als diese, denn sie ist katholisch und geheimwissenschaftlich zugleich, sie pfropft auf die christliche Symbolik noch die Rezepte der Kabbala.

Beweisen diese Auseinandersetzungen nicht auf jeden Fall, dass, die Jetztzeit ausgenommen, diese Kirche stets wie eine Abhandlung über den Symbolismus aufgefasst wurde, die in verblümter Redeweise gehalten ist und, Christi Beispiel folgend, in Parabeln spricht? Die Archäologen und Architekten haben sie wie einen Leichnam seziert; recht so, denn die Anatomie ihres Körpers ist nun bekannt. Romanciers wie Victor Hugo haben nach ihr mehr oder minder wahrheitsgetreue Rahmen geschaffen, um darin Phantasiegestalten aller Art unterzubringen, doch war damals, als er den phantasievollen Vergleich der Königsfassade schrieb, dieser Dichter der einzige, dem die Symbolik des Mittelalters, wenn auch in unbestimmter Weise, bewusst geworden ist; die Fassade, die von einem grossen Fenster, das zwei kleinere flankieren, durchbrochen wird, vergleicht er mit dem Priester, der während der Messe am Altare ebenfalls zwischen zwei niederen Geistlichen, dem Diakon und Subdiakon, steht. Es bleibt der Zukunft noch vorbehalten, anders als in flüchtigem Abriss von ihrem geistigen Wesen, ihrem Innenleben, mit einem Worte, von ihrer Seele zu sprechen; dies wäre dann die wahre Monographie unserer Kathedrale. Doch der architektonische Positivismus nimmt immermehr überhand, und die Geistlichkeit entfernt sich leider auch von Tag zu Tag mehr von Fragen, die sie dennoch in ihrem eigenen Interesse nicht zu gering bewerten sollte.

SAINT-GERMAIN L'AUXERROIS

Rund wie der Tempel des heiligen Grabes in Jerusalem, umgeben von Gräben, in denen sich einst die Leichen der belagernden Normannen stauten, war sie die Kirche, die im VI. Jahrhundert St. Landry [1] in Paris gegründet und dem Schutze des heiligen Germain von Auxerre [2] anvertraut hatte; sie war die Urahne, die hundert Jahre später an Altersschwäche zusammenbrach. König Robert [3] liess sie niederreissen und eine andere an ihre Stelle setzen — das war die Mutter, die auch baufällig wurde, und aus deren Trümmern im XIII. Jahrhundert die Kirche des heiligen Germain von Auxerre erwuchs; dies ist also die Enkelin, die heute noch lebt.

Ihre Kindheit war sehr bewegt, sie wuchs anfänglich rasch empor, dann wurde aber ihr Wachsmut wohl ein Jahrhundert lang unterbrochen und setzte erst später wieder ein. Das Portal und der Chor waren zu Ende des XIII. Jahrhunderts bereits vollendet. Im XV. Jahrhundert entstanden der Portikus, das Mittelschiff, die Seitenflügel des Chors und das Querschiff; im XVI. Jahrhundert wurden die Kapellen umgebaut, die Anordnung der Chorhaube wurde geändert und das Portal errichtet, das an der linken Seite der Apsis nach der Rue de l'Arbre-Sec führt; auch wurde vor dem Hauptaltar ein herrlicher Lettner von Peter Lescot[4] erbaut und von Johann Goujon[5] gemeisselt; zur vollen Reife gediehen, ward nun diese Kirche, dank der Nachbarschaft des Hofes, die prunkvollste und besuchteste von Paris.

Dann kam das XVII. Jahrhundert, das, ihren gotischen Charakter geringschätzend, es unterliess, sie zu entstellen: doch das XVIII. Jahrhundert war weniger verachtend, hielt ihre Gestalt für veraltet und unmodern und beschloss sie zu verjüngen.

Im Jahre 1754 begannen der Pfarrer und die Kirchenpfleger den Lettner niederreissen zu lassen, doch diese Verwüstung milderte den in ihren Augen barbarischen Eindruck des Schiffes nicht. So wendeten sie sich denn an einen gewissen Bacarit, Erbauer der königlichen Stallungen, und baten ihn, die Kirche zu „zivilisieren". Er entwarf einen Plan, den er der Akademie der schönen Künste unterbreitete, und diese geriet darüber in Begeisterung und sagte, dieser geschickte Meister verstände es in der glücklichsten Weise, die moderne Bauart mit der Gotik der Kirche, die er ausschmücken sollte, zu vermählen.

Und der entsetzliche Stümper machte sich an die Arbeit. Da er zu seinem Leidwesen aus Mangel an Geld nicht alles verderben konnte, musste er sich darauf beschränken, die Säulen des Chors zu kannelieren und die symbolische Flora der Kapitäle durch nichtssagende Blatt- und Blumengirlanden zu ersetzen und schliesslich die Konturen der Fenster zu verändern, die er ihrer herrlichen Verglasung beraubte, um sie mit hellem Glase zu bekleiden, was die hohe Geistlichkeit mit grösstem Wohlbehagen erfüllte. Doch blieb St. Germain dessenungeachtet immer noch gotisch. Es gelang Bacarit nicht, die süsse Orantin des Mittelalters in eine mehr oder minder fromme Manon umzuwandeln; ihre Züge kamen doch trotz aller Verzerrung wieder zum Vorschein; da er hier nichts Besseres herausbringen konnte, dachte er daran, ihr Äusseres zu verunstalten, und liess die Turmspitze und ihre vier kleinen Glockentürmchen abtragen, um auf dem vom Schafte übriggebliebenen Stummel eine Steinbalustrade zu errichten, die nun der Turmhöhe den neckischen Charakter eines Balkons verlieh; nach diesen Anstrengungen setzte er sich zur Ruhe und entschlief wahrscheinlich reich an Jahren und Ruhm selig im Herrn, dem er durch Arbeiten dieser Art so treulich gedient hatte.

Von seinem Henker erlöst, lebte St. Germain beschaulich dahin, bis die Revolution ausbrach. Nun war es freilich ein ander Ding. Man hängte ihm keine mehr oder minder unmöglichen Verkleidungen mehr um, sondern entkleidete ihn. Erst kam die Plünderung, worauf die Kirche geschlossen wurde; in ihren Nebengebäuden wurde ein magistratisches Amt untergebracht und das Hauptschiff als Schuppen verwendet, in dem Luftballons mit Gas gefüllt wurden. Die Reihe der Verwüstungen und Plünderungen schien abgeschlossen, als die Herrschaft der Jakobiner zusammenbrach; doch Napoleon, der sich in alles einmengte, beschäftigte sich seinerseits mit dem unglückseligen Gebäude und beschloss ganz einfach, es vom Erdboden verschwinden zu lassen. Glücklicherweise blieb ihm nicht Zeit genug, um dieses Vorhaben auszuführen, und im Jahre 1837 wurde die Kirche wieder geöffnet und von Mgr. de Quélen, Erzbischof von Paris, wieder geweiht. Von nun ab bemühte man sich unter dem Vorwande, ihre Wunden zu heilen, ihr neue beizubringen.

Man schmückte sie in der Tat mit weichlichen, kraftlosen Malereien und fürchterlichen Verglasungen; doch, so entstellt, so geflickt sie auch sein mag — sie ist immer noch reizend. Ihr Inneres ist eines der intimsten, eines der wahrhaft frommsten Kircheninterieurs von Paris, und ihr Äusseres bleibt ein Wunderwerk der Kunst.

Das Portal aus dem XIII. Jahrhundert steht noch mit seiner auch aus dieser Zeit stammenden mittleren Türöffnung, ebenso jene beiden, die das XV. Jahrhundert schuf. Was jedoch die Skulpturen anlangt, die hier, wie auf fast allen Kathedralfassaden, das jüngste Gericht, die Seelenwage, den Schoss Abrahams, die Hölle des Teufels und die immer wiederkehrende Episode der weisen und der törichten Jungfrauen darstellten, so sind sie verschwunden oder bestehen heute nur noch als vereinzelte Brocken und Überbleibsel. Doch sechs grosse Statuen, die in der Wölbung des Mittelportals aufgestellt sind, wurden restauriert und übermalt; beim Eingange links der heilige

Vinzenz, der Diakon und Märtyrer, ein Buch in der Hand haltend; dann ein bärtiger König, der sein Zepter trägt, und eine Königin. Guilhermy hält diese beiden für Childebert und seine Gemahlin Ultrogothe. Zur Rechten St. Germain mit Mitra und Krummstab, die heilige Genoveva, eine Kerze haltend, die ein ihr zu Häupten stehender kleiner Teufel sich auszublasen bemüht; schliesslich ein lächelnder Engel, der eine Fackel hält, bereit, die Kerze der Heiligen wieder zu entzünden, falls sie verlöschen sollte. Die Bogenwölbung oberhalb der Türflügel beherbergt noch drei Reihen von Gestalten, Engel und Teufel, Dirnen und Jungfrauen. Das Portal hat so einige Worte eines Satzes, den die Zeit weggefegt hat, bewahrt, und es ist ein leichtes, diesen wieder zusammenzufügen, da er vollinhaltlich auf den Fassaden der anderen Kirchen geschrieben steht. Doch der kürzlich darunter wiederhergestellte Pfeiler stimmt nicht, da er statt des Christus von ehemals eine neue Madonna trägt.

Fügt man noch hinzu, dass die modernen Fresken eines gewissen Mottez nun die leeren Zwischenräume füllen, doch dass von dieser wertlosen Malerei nur noch rissige Mörtelschuppen sichtbar sind — so kann man sich eine genaue Vorstellung des Portals, wie es zur Stunde noch aussieht, machen.

Vor diesem Portal steht ein Portikus mit fünf Spitzbogenöffnungen, die von Balustern und kreuzblumengeschmückten Giebeln gekrönt sind, welcher 1425 von Gaussel[6] erbaut wurde. Von all den Statuen, die ihn bevölkern, sind nur zwei authentisch, alle übrigen sind zeitgenössische Fabrikate. Die eine dieser beiden Statuen und zwar jene am Ende des Portikus, dem Louvreplatz gegenüber an der Rue des Prêtres-Saint-Germain-l'Auxerrois, zeigt einen nasenlosen einarmigen Skt. Franziskus von Assisi, dessen Gesicht vom Zahn der Zeit arg mitgenommen ist. Die andere an der entgegengesetzten Seite, dem Haupttor zugewandt stehende Statue ist eine Maria von Ägypten 7, in ihr langes Haar eingehüllt, das noch Spuren von Vergoldung bewahrt hat. Sie trägt die drei Brote, die ihr in der Wüste als Nahrung dienen sollen, und neigt ihr stilles Köpfchen mit den geschlossenen Augen melancholisch zur Seite.

Oberhalb dieser Eingangshalle erhebt sich zwischen zwei eleganten viereckigen Türmchen die von einer gotischen Fensterrosette durchbrochene Fassade, die in einen dreieckigen Giebelfirst endigt, auf dessen Spitze eine Engelgestalt thront. Dahinter erstreckt sich das Mittelschiff, von Strebemauern flankiert, von Dachrinnen umzogen, die eine lustige Menagerie beherbergen, welche seit Jahrhunderten zwischen Himmel und Erde die seltsamsten Geschöpfe, die wunderlichsten, drolligsten Tiere zur Schau stellt. Alles ist bei dieser Kirmes des Steines vertreten; da gibt es Bettler und Narren, ein Hypopotamus, das aus seinem Rachen einen Wilden ausspeit, Affen und Greifen, Bären mit Maulkörben, Mutterschweine, die ihre Ferkelfamilie säugen; dann Ratten, die aus der Weltkugel wie aus einem Edamerkäse heraus-

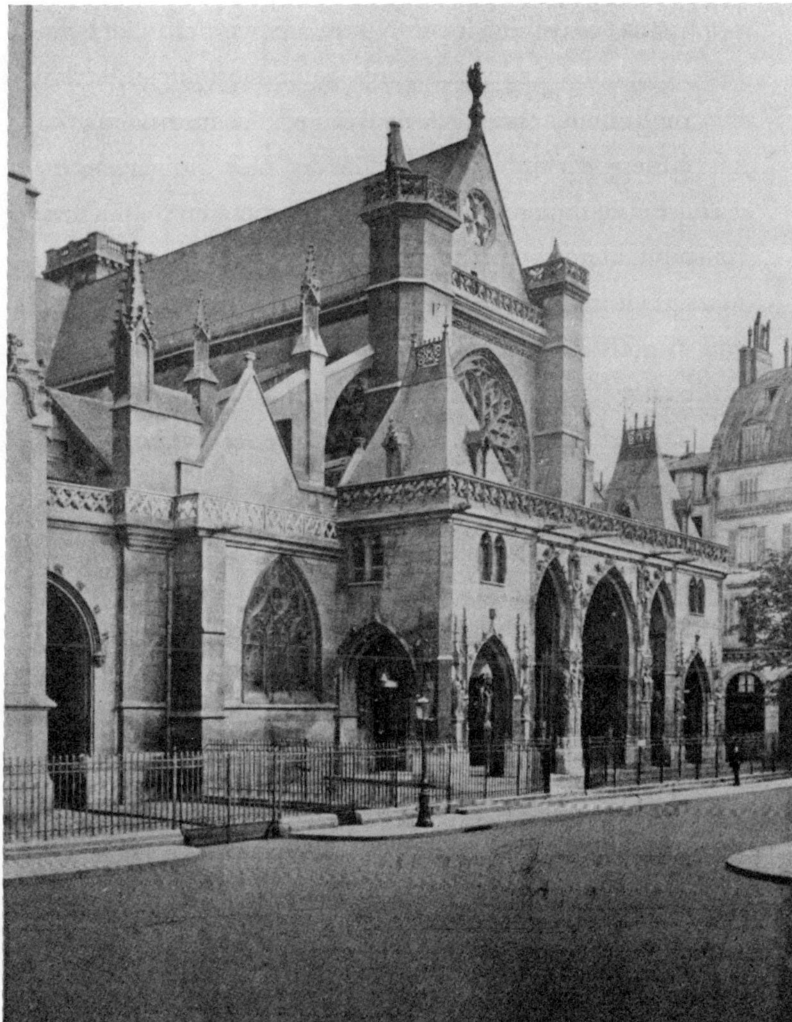

Saint-Germain-l'Auxerrois

kriechen und von einer Katze belauert werden, was wahrscheinlich bedeuten soll, dass die Unholde, die die Erde verwüsten, einst vom Teufel gefressen werden. Auch das Innere ist eines langen Besuches wert; alle Stilarten stehen hier dicht nebeneinander. Es ist so oft erbaut und wieder zusammengerissen worden, dass es nun einigermassen unzusammenhängend erscheint, doch dies Durcheinander ist entzückend, wenn man es mit der monotonen Regelmässigkeit neuer Kirchen vergleicht.

Das gotische vierteilige Schiff wird durch ein an beiden Enden von Türen durchbrochenes Querschiff geschnitten; die linksseitige Tür ist vermauert, die rechtsseitige führt auf die Rue des Prêtres-Saint-Germain-l'Auxerrois, den Bureaus des Journal des Débats gerade gegenüber. In der Mitte des Ganges wurde ein nach Entwürfen des Fräulein Lamartine von Jouffroy ausgeführtes Weihbecken aufgestellt, auf welchem Putti sich um ein Kreuz herum breit machen; dies ist Kunst für die Rue Saint-Sulpice, doch fügt das Becken dem ornamentalen Jammer der Wände, die von einem gewissen Guichard mit raumverschlingenden Fresken überladen wurden, kein Unrecht zu.

Längs des Schiffs und des Chors, gleich vom Eingang an, nisten zahlreiche Kapellen zwischen den Strebemauern des Gebäudes, rechts vier und links acht. Links die Taufkapelle, auch Skt. Michaelskapelle genannt, dann die Kapellen Johannes des Täufers, der heiligen Magdalena und die von Notre Dame de la Compassion — diese reicht dicht an das Transept, an welches sich die Kapelle des heiligen Ludwig anschliesst, in der das Allerheiligste aufbewahrt wird, und auf deren Altar man eine Marienstatue, die als Notre-Dame de Bonne-Garde bezeichnet wird, gestellt hat; dann folgen jene des heiligen Vincenzius von Paul, des heiligen Karl Borromäus — in der ein abscheuliches Votivfenster diesen Auserwählten mit einem Negerkopf darstellt; schliesslich noch die Kapellen des heiligen Dionysius, Rustikus und der heiligen Eleuthera — und wir sind bis zu der kleinen Tür gelangt, die von der Rue de l'Arbre-Sec in die Apsis führt, über welcher hinter farbigen Fensterrauten eine Tribüne liegt, die «Königinnentribüne», so genannt, weil, wie es heisst, die königliche Familie sich manchmal während der Messe hier aufgehalten haben soll.

Von diesen winzigen Kapellen ist nur eine einzige interessant, jene von Notre-Dame de la Compassion, die während eines Jahrhunderts die Kapelle des Staatsrates gewesen, und zwar ist sie es uns deswegen, weil sie ein herrliches holzgeschnitztes vlämisches Altarwerk aus dem XV. Jahrhundert besitzt; dieses Kunstwerk stammt aus der nunmehr verstreuten Sammlung Bruges-Duménil und zeigt verschiedene Begebenheiten des Marienlebens und der Passionsgeschichte; leider sieht man wenig davon, da das Fenster, das es belichten sollte, durch eine moderne Verglasung, die zugleich dunkel und wüst ist, keinerlei Lichtstrahlen durchsickern lässt.

Gehen wir nun rechts von der anderen Seite der Apsis, von welcher wir sogleich sprechen werden, aus; hier nimmt die Sakristei den Raum mehrerer Kapellchen in Anspruch. An sie schliessen sich unterhalb des Chors kleine Kapellen an, die den Aposteln, dem heiligen Petrus und den Kirchenvätern geweiht sind; zwei der letzteren, St. Leo und St. Gregor der Grosse sind hier, als Träger von Hauptrollen auf den Theaterzetteln, d. h. auf den Glasfenstern zur Schau gestellt. Und nun kommen wir nach diesen Stübchen, die so eng sind, dass sie vom Beichtstuhl und vom Altar ganz ausgefüllt werden, zu einer zierlichen eleganten Tür aus dem XV. Jahrhundert, über der eine aus derselben Zeit stammende Madonna aus polychromiertem Holze thront — eine wehklagende, bebende Madonna, die jedoch so hoch oben steht, dass sie im Schatten der Gewölbe kaum sichtbar ist. Nun kommt das Transept der Rue des Prêtres; durchschreitet man es, so steht man vor einer Kapelle, die den ganzen Raum ausfüllt, den an der gegenüberliegenden Seite des Schiffes die vier Kapellen einnehmen. Es ist die Marienkapelle, die von hölzernem Täfelwerk ganz eingeschlossen ist, so dass ihr Inneres unserem Blicke entzogen wird; die Tür ist fest verschlossen, um alle jene, die etwa die Gottesmutter anzubeten kommen, am Eindringen zu verhindern. Eine Kirche, in welcher die Kapelle der Mutter Gottes den Gläubigen unzugänglich ist, das ist denn doch ein starkes Stückchen! Was sollen wir von den Geistlichen denken, die in ihrer Kirche die Madonna in dieser Weise in die Rumpelkammer stellen? Als Grund für dies ungeheuerliche Eintrittsverbot wird angegeben, dass die Kapelle mitunter als Raum für die Abhaltung des Religionsunterrichtes dient. Nun gut — mögen sie ihren Unterricht abhalten — am Boden, im Keller, in ihren Wohnungen, wo immer sie wollen, doch sollen sie diesen getischlerten Wall abräumen und auf jeden Fall die Tür offen lassen, wenn ihre vier Glatzköpfe und ihre drei Geschorenen nicht drin sind!

Und dies umsomehr, da sie ja so köstlich ist, diese Kapelle! Andächtig und traulich ist sie, von einem Altar, der die Reliquien der Heiligen Dionysius, Cölestin und Benedikt birgt, geschmückt, über welchem ein altes, steinernes Altarblatt eingelassen ist, das den Baum des Jesse darstellt, dessen Blumenzierate und Zweige sich um eine schöne Madonnenstatue aus dem XIV. Jahrhundert ranken, die ehemals Eigentum des Presbyteriums von Radonvilliers in der Champagne gewesen ist. Hier hebt sich all dies von Fresken, die Amaury Duval[8] gemalt hat, ab; doch das wohltätige Dunkel lässt uns nur wenig von ihnen sehen.

Der Vollständigkeit halber müssen wir noch im Schiffe, der Kanzel gegenüber, eine riesenhafte Dekorationsmaschine aus Holz erwähnen, die mit Säulen versehen und von einem Baldachin bekrönt ist; sie wurde von Mercier, nach Entwürfen des überschwenglichen Lebrun, ausgeführt und diente dem Könige, wenn er der Messe offiziell beiwohnte, als Sitzgelegenheit; auch ein schmiedeeisernes Gitter aus dem XVIII. Jahrhundert, das stark restauriert und seiner heraldischen Lilien beraubt worden ist, müssen wir noch anführen, ehe wir auf die Apsis zurückkommen, die meiner Meinung nach der köstlichste Teil von St. Germain ist, denn hier kann man sich ebensogut in ein Oratorium vom Ende des XV. Jahrhunderts als auch in eine ländliche Kirche unserer Zeit versetzt wähnen.

Man vermeint, dass sich der besondere Duft des ganzen Gebäudes hier verdichtet und konzentriert. In der Tat atmet man beim Eintritt in diese Kirche einen spezifischen Geruch ein, den man in Paris nur noch in einer anderen Glaubensstätte und zwar in der Kirche der Abbaye-au-Bois, in der Rue de Sèvres an gewissen Tagen antrifft — es ist ein Salpetergeruch, der von einem ganz feinen Duft von verbranntem Wachs und Weihrauch getragen wird. Hier in der Apsis finden wir dies Aroma, das Dorfkirchen an Sonntagen nach dem Segen eigen ist, besonders stark an Regentagen wieder, und dieser Geruch hilft uns, uns recht weit weg von Paris und dem Louvreplatz, der zu einem der lärmendsten Rendezvousorte von Kraftwagen und Strassenbahnen geworden ist, hinwegzuversetzen.

Manchmal, wenn dic benachbarte Glocke die Stunden schlägt, lässt uns das Glockenspiel, das sie mit einem Geklirr wie von gebrochenem Glas begleitet, glauben, dass man in einer flandrischen Kirche bete. Und die einander folgenden wechselnden Eindrücke ringsumher, die Vorstellungen von Renaissancetempeln, Dorfkapellen und vlämischen Kirchen, machen wirklich diese dunkle Zufluchtsstätte zu einem in Paris einzigartigen Sprungbrett unserer Träumereien.

Um aber bei der Wirklichkeit zu bleiben, können wir die Entstehungszeit dieser Apsis in das XVI. Jahrhundert verlegen; sie ist wunderlich gestaltet, ihre Linienführung fliesst in Krümmungen dahin. Wahr ist, dass ihre Kapellen einerseits durch den Verlauf der sie einschliessenden Strasse zurückgedrängt werden; andererseits werden sie vom Presbyterium und der Sakristei durchbrochen, so dass sie ganz verschroben und schief dastehen, die einen länger oder breiter als die anderen.

Die zwei an den beiden Enden gelegenen Kapellen sind undeutlich umrissene Kammern, unregelmässige Vierecke, deren Längsseiten sich ausbuchten. Die anderen Seiten erinnern da, wo die Fenster die Mauer durchbrechen, an ein offenstehendes Triptychon, dessen beide Flügel nach vorn stehen, folglich nicht an die Mauern zurückgelehnt sind, mit einer romanischen Nische unter jedem Flügel.

In der Tat sieht man unterhalb der beiden Eckfenster zwei kleine Höhlen, die von Bogenwölbungen überdacht sind; sie sind in den Fuss der Mauer eingegraben und recht und schlecht mit Heiligenstatuen aus der Rue Bonaparte angefüllt, deren Züge und Umrisse Gott sei Dank in Staub und Dunkelheit verschwimmen.

Solcher Kapellen gibt es fünf, und ihre Gesamtheit zieht in der oben ausgebuchteten Linie einen Halbkreis; sie sind der heiligen Genoveva und den Schutzpatronen dieser Stätte, dem heiligen Vincenzius, Germain und Landry, dem heiligen Grabe und dem „guten Tode" geweiht. Die beiden Enden des Halbkreises finden einerseits an der auf die Rue de l'Arbre-Sec führenden Ausgangstür, andererseits an der Sakristeitür ihre Stützpunkte; letztere ist von Fresken geschmückt, deren wir eine, die einen St. Martin zu Pferde darstellt, wie er eben seinen Mantel durchschneidet, um den einen Teil einem Armen zu schenken, demselben Mottez verdanken, der das Hauptportal mit seinen Tünchereien schmückte, die aber zur Freude der Künstler von hilfsbereiten Sonnenstrahlen und gnädigen Regenströmen beseitigt wurden.

Über die vollkommen dunkle Genovevakapelle, deren Wände mit geworfenen Leinenflächen, die Gigoux mit Farben bekleckst hat, bedeckt sind, ist nichts zu bemerken. Von der Kapelle der Schutzpatrone, in der sich in einer Nische, die von zwei den Beschauer scheinheilig anblickenden knienden Rittern geschmückte Familiengruft der Marquis von Rostaing erhebt und in der ausserdem noch nahe am Geländer des Abendmahltisches zwei neue Statuetten, eine heilige Anna und ein heiliger Antonius von Padua, sich befinden, wäre ebenfalls nichts zu sagen, wenn nicht ihre Fenster sowie jene der benachbarten Kapelle vom „guten Tode" die einzigen Glasbilder der Kirche beherbergten, die durch ihren symbolischen Sinn, durch die Meisterschaft der Tönung und durch ihre wahrhaft persönliche, künstlerische Prägung es verdienten, dass man bei ihnen haltmachte und sie lobte.

In dieser Kirche des heiligen Germain von Auxerre, in

der von alten Glasmalereien nur einige Flügelfüllungen aus dem XV. und XVI. Jahrhundert übriggeblieben sind, die in die gotischen oder Renaissance-Fensteröffnungen und in die Rosetten des Transepts eingelassen sind, verschliessen Glasbilder, bei denen der weisse Untergrund des Glases selbst die Fleischpartien der darauf dargestellten Personen bildet, und auf denen die Gewänder wie grosse Flecken in Gummigutt, Sattrot, Scharfgrün und Grellblau aussehen, alle in den Seitenschiffen angebrachten Fensteröffnungen, Glasbilder, die unter der Julimonarchie fabriziert worden sind.

Und alle Monographien lobpreisen ein entsetzliches Fenster in der Kapelle der Apostel, das von Lusson, nach Zeichnungen von Viollet-le-Duc, verfertigt wurde; alle heben um die Wette die Arbeiten Maréchals von Metz hervor, die zwar durch ihr in der Glasmalerkunst wenig gebräuchliches Pistaziengrün und Türkischrot heiter anmuten, die aber wie eine gewöhnliche Malerei mit so schwach haftenden und so schlecht eingebrannten Farben behandelt sind, dass diese auf der Oberfläche des Glases streifig werden und das Tageslicht wie ganz gewöhnliche Glasscheiben durchdringen lassen. Es sind dies durchsichtige Aquarelle, glasgewordene Bilder, wie immer man es nennen will, nur Kirchenfenster sind es nicht.

Überzeugender als diese sind die von Didron in der Kapelle des heiligen Grabes ausgeführten Nachbildungen der Fenster der Sainte-Chapelle[9]; auch diese werden bewundert, doch spricht kein Mensch von jenem Thévenot, der die Glasflügel in der Kapelle der Schutzheiligen und in jener des „guten Todes" ausgeschmückt hat.

In der erstgenannten stellt das Mittelbild, das, wie ich bereits oben erwähnt habe, die Gestalt eines offenstehenden Triptychons hat, dessen Flügel auf ihren Angeln ein wenig nach vorne gedreht sind, eine gekrönte Mutter Gottes und einen Christus zwischen zwei Engeln dar. Der linke Flügel zeigt den heiligen Vinzenz, der rechte den heiligen Germain. Es sind grosse, sehr priesterliche Gestalten, denen dennoch ein gewisser, ein klein wenig bäuerlicher Modernismus anhaftet, denn ihr Körper, ihre Haltung und ihr auf den ersten Blick fast unangenehmer Gesichtsausdruck haben etwas sehr Schlichtes, Bäuerisch-Ländliches.

Die Farben sind satt, von gemässigter, beinahe düsterer Glut. Das Rot ist hier ein Kirschrot; die stark mit gedämpftem Blau unterlegten violetten und grünen Töne sind ernst, die Goldfarben mattiert; doch ausser einem hellbräunlichen Farbton ist jener auf den Mantel des heiligen Germain verwandte der schönste. Es ist ein Braunviolett, das an die Farbe der Karmeliterkutte und an das gewisse, in der Keramik unter dem Namen „Eselsleber" bekannte Braunrot erinnert; diese Farbe ist prächtig und herb zugleich. Die grossen Glasmaler des Mittelalters haben nichts Besseres hervorgebracht.

Dieselben Farben finden wir in der Kapelle des „guten Todes" wieder; doch hier offenbart sich uns Thévenot neben der eigenartigen Persönlichkeit seiner Gestalten, als einer, der mit der alten Kunst der christlichen Symbolik, die von den Glasmalern und Architekten unserer Zeit vollkommen übersehen wird, sehr vertraut ist. Es handelte sich hier darum, die Lichtstrahlen, die eine Grabkapelle beleuchten sollen, in entsprechende Bilder zu fassen; dazu standen ihm auf dem Mittelstück vier und auf den Seitenflügeln je eine Abteilung zur Verfügung, und er hat das Ganze folgendermassen angeordnet: In die Mitte malte er in die vier Fensterabteilungen auf gerieftem perlgrauem Grund mit einer Umrahmung von Disteln, die das Sinnbild der Busse sind, den heiligen Joseph mit der Lilie in der Hand, eine sternengekrönte Madonna, Christus die Welt segnend und einen heiligen Michael, mit Banner und Wage, der mit einem Fusse auf dem Teufel steht. Auf dem linksseitigen Flügel eine seltsame bärtige Gestalt; sie trägt eine Art aufgelösten Turban, der von einem orangefarbenen Heiligenschein umgeben ist, auf dem Kopfe und ist in ein prunkvolles granatrotes, mit Goldranken besticktes Gewand gekleidet; die Fussbekleidung ist violett; die eine Hand hält ein Salbölgefäss, während die andere Hand auf einen Spaten gestützt ist.

Auf dem rechten Seitenflügel ein barfüssiger St. Petrus; sein Kopf ist von einem Heiligenscheine umschlossen, und auf der Brust hält er seine zwei Schlüssel gekreuzt.

Die auf diesem Scheibentriptychon dargestellte Phrase ist leicht zu lesen: Die Gestalt, die so absonderlich heraldisch anmutet, und die wie Magdalena auf den Bildern der primitiven Niederländer ein Balsamgefäss trägt und mit einem Spaten versehen ist, verkörpert den heiligen Tobias, der heutzutage gänzlich unbekannt ist, im Mittelalter aber berühmt war, denn damals war er der Schutzheilige der Gräber, der Patron der Totengräber, die ihn wegen der Worte, die in der Bibel der Erzengel Raphael zu ihm spricht, erwählt hatten: „Als du zu Mitternacht deine Toten begrubst — da war ich es, der deine Gebete dem Herrn darbrachte . . .“ Er steht den Diensten und Besorgungen der letzten Stunde vor; er bemüht sich um den Körper, während auf der anderen Seite von Christus St. Michael auf seiner Wage das Gewicht der Tugenden und Laster überprüft und die arme, vom Fleische losgelöste Seele dem Herrn vorführt; St. Joseph und Maria stehen zwischen beiden, während St. Petrus ein Stückchen weiter entfernt wartet, um, sobald das Schicksal der Sünderin entschieden ist, die Himmelstüren zu öffnen. Alle die himmlischen Darsteller des Dramas, das mit der Versenkung der sterblichen Überreste ins Grab beginnt und mit dem Eintritt der Seele ins Paradies endet, sind an diesem Orte vereint und vermitteln uns gewissermassen einen Bericht über das letzte Gericht nach dem Tode.

Von diesen Persönlichkeiten sind ausser dem so merkwürdigen Tobias noch zwei andere durch ihr gestrenges und doch vertrautes Aussehen bemerkenswert: die Madonna und Christus. In ihren Bewegungen, in ihren Zügen liegt etwas Gerechtes und Reines, das uns an die Gestalten einiger jener wundervollen Illustrationen erinnert, die Brion zu Victor Hugos „Misérables" zeichnete. Es ist in mancher Beziehung die gleiche, in ihrer Schlichtheit nüchterne und doch beredte Kunst.

Wer ist dieser Thévenot, den die Kunstkritik unserer Zeit so kaltblütig übergeht? O. Merson erzählt in seinem Buche über Kirchenfenster von ihm, dass er in Clermont-Ferrand gelebt und die Glasfenster der Kathedrale von Bourges restauriert habe. Ottin widmet ihm in seiner „Geschichte der Kirchenfenster" genau drei Worte: Thévenot — Clermont — 1834. Ich habe andererseits eine Broschüre, die 1837 in Clermont erschienen ist und die seinen Namen, gefolgt von dem Titel „Eskadronchef", trägt, aufgefunden. Sie enthält einen historischen Essay über Kirchenfenster, in welchem er sich als Mann, der von seiner Kunst begeistert ist, offenbart; voll Entzücken spricht er von den Glasmalereien der grossen Epochen.

Dies ist alles, was ich über ihn erfahren konnte.

Von den beiden Kapellen, die mit diesen verständnisvoll gemalten Fenstern geschmückt sind, ist für mich jene des „guten Todes" die beruhigendere und sanftere. Verschwommene Malereien und gotische Inschriften, deren Goldlettern verblichen sind, werden, wenn man eine Kerze anzündet, undeutlich in der Dunkelheit sichtbar; über dem Altar ist ein interessantes steinernes Flachrelief eingelassen, das die Einzelheiten einer Grablegung darstellt. Doch was in uns, hier in dem kleinen Raume, die Erinnerung an den Geruch kleiner Dorfkapellen wachruft, ist der Verfall des von der Feuchtigkeit zerfressenen Steines, die Armseligkeit des verschossenen Teppichs; es sind die Staubschichten, die in den beiden Seitennischen auf einer Pieta von Bonnardel und auf einer modernen St. Josephsstatue lagern, sowie der notleidende Zustand der strohgeflochtenen Betschemel, die vor der Rampe angehäuft sind.

Die von Thévenot erwählten bäuerlichen Gestalten sind hier mit ihrer Umgebung in vollem Einklang.

Ach! Wenn irgendein Fleck geeignet ist, um sich die Raupen vom Gewissen herunterzulesen, so ist es dieser hier! Da hört man keinen Laut in dem Halbdunkel, das einen umgibt, höchstens, dass hie und da der Schatten eines alten Weibleins sich auf einen Sessel niederlässt oder an einem Pfeiler lehnt. Es kommen ja so wenige Besucher!

Weniger interessant ist die letzte Kapelle der Apsis, jene, die an die Sakristei angrenzt und dem heiligen Landry gewidmet ist; sie ist kürzlich gereinigt worden. Man hat darin die Grabmonumente des Kanzlers Stephan von Aligre und seines Sohnes aufgepflanzt und hat die Fresken Guichards aus dem Dunkel, in dem sie geschlummert, ans Licht gezogen — ihr Erwachen bringt uns aber keinerlei Trost; jene, die derselbe Schmierer auf die Wände des Transepts gekleckst, hatten vollauf genügt.

Somit ist der Rundgang in der Kirche beendet.

Es bleibt uns aber noch ein sehr alter Saal, in dem das Kapitel ehemals seine Archive aufbewahrte. Dahin steigt man auf einer Wendeltreppe, die nahe bei der Marienkapelle an der Eingangstür des Hauptportals gelegen ist, empor und kommt, nachdem man die Spirale, die durch Spaltöffnungen beleuchtet wird, durchwandelt hat, vor der Schwelle eines grossen viereckigen Raumes, der seit Jahrhunderten unberührt geblieben ist, an; der Bodenbelag zeigt hier mit seinen roten, lasierten Rauten durch eine optische Täuschung eine Würfelzeichnung; von der mit geschnitzten Kassetten gezierten Decke hängt ein Lüster mit kupfernen Lichthaltern herab; da sind alte Seitentische und Schränke, deren eiserne Beschläge von gotischen Lettern durchbrochen werden, die die Namen des heiligen Vincenzius und Germain auf die eichenen Füllungen zeichnen.

Doch der wahrhaft bezaubernde Teil dieses Raumes ist jene Wand, die dem auf den Platz hinausgehenden Doppelfenster gegenüberliegt. Diese wird ganz von einem geschnitzten Altarwerk aus dem XVI. Jahrhundert, einem Triptychon mit Darstellungen aus dem Leben der heiligen Jungfrau und der heiligen Anna, ausgefüllt. Man findet hier die Legende der apokryphen Bibel wieder: die Begegnung Annas mit Joachim vor der goldenen Pforte. Man sieht eine drollige Tempeltreppe, die von einer kleinen Figur erstiegen wird, und eine Menge von Gestalten, die einstmals polychromiert waren, deren nun entfärbtes Holz sich abschält. Gestalten, deren Gesten gemessen und doch grossartig anmuten, ähnlich jenen, wie sie fast all die köstlich-realistischen Bildschnitzer dieser Zeit schufen. Die Flügel, die diesen Altarstock bilden, waren ehemals mit Wasserfarben bemalt gewesen, doch sind sie so arg abgeblättert, dass man heute nur noch gespenstische Gesichtsteile und verschwommene Körperfragmente wahrnehmen kann.

Dieser verstaubte Raum ist unendlich wohltuend und heimlich. Man kann sich hier sehr wohl einen der dreizehn Kanonici, die das Domkapitel bildeten und früher diese Pfarre versahen, an dem in der Mitte befindlichen Tische sitzend vorstellen, wie er in den Archiven wühlt, um die Daten der Seelenmessen festzustellen oder aus den vorhandenen Manuskripten die Wundertaten der heiligen Begründer seiner Kirche herauszuheben.

Und man beginnt angesichts eines so verdriesslichen Jahrhundertanfangs diesen biederen Priester zu beneiden, der seine Arbeit nur unterbricht, um seine Hornbrille zu putzen, hier in der grossen Stille dieser schalltauben Steinmauern, die nur durch das müde Aufstöhnen des Holzes unterbrochen wird.

Wie weit weg versetzt uns all dies!

. . . .

Wie arm ist sie, diese Kirche des heiligen Germain von Auxerre, wenn man bedenkt, dass sie einst eines der prunkvollsten und berühmtesten Sanktuarien von Paris gewesen! Sie war die Pfarre der Könige, die ihr gegenüber im Louvre wohnten; am 24. August 1572 mussten ihre Glocken das Signal zu der Jagdpartie der St. Bartholomäusnacht läuten, und am Palmsonntag des Jahres

1594 gab hier Heinrich IV. das geweihte Brot und folgte, den Palmzweig tragend, der Prozession, die durch die Seitenschiffe und den Chor zog.

Es war in derselben Kirche, vor demselben Könige, der diesmal aber in seiner Kirchenbank sass, dass der sonderbare Pater Valladier, dessen Adventspredigten, die er in St. Germain von Auxerre hielt, unter dem Titel „die heilige Philosophie der Seele" veröffentlicht wurden, es wagte, jenen unschicklichen Panegyrikus auf die Reize der Maria von Medici zu sprechen.

Er teilt diese Reize in drei Stufen. Nachdem er sich über die erste verbreitet hat, d. h. nachdem er über ihr Gesicht gesprochen, das er mit allen Blumen und allen Edelsteinen vergleicht, geht er zu der zweiten über — zu der Brust der Königin, die er „zwei kristallene Milchfontänen, zwei Mannabehälter, zwei Ambrosiaquellen, zwei Nektarquellen, zwei Zuckerrohre, zwei Honigkrüge, zwei Balsampflanzen, zwei Uhren der inneren Hauptuhr, zwei Bastionen und Wälle des Herzens" nennt — und dann steigt er hinab . . . .

Obwohl er für etwas freie Scherze sehr eingenommen war, muss man sich dennoch fragen, was le Vert-Galant [10] wohl von dieser Art der Predigt gedacht haben mag . . .

. . . .

Auf diese beiden, wenn man es so nehmen will, glorreichen Jahreszahlen, auf 1572 und 1594, folgen andere vom Wohlwollen der Geschichte weniger hervorgehobene Daten.

Im Jahre 1617 grub hier die wütende Volksmenge den Leichnam des Marschalls von Ancre [11], der in einem Gruftgewölbe der Kirche unterhalb der Orgeltribüne bestattet war, aus und riss ihn in kleine Stücke. Das Herz wurde auf Kohlen gebraten und von einem Manne öffentlich verzehrt: die Eingeweide wurden in die Seine geworfen und das übrige auf dem Pont-Neuf, vor dem Denkmal Heinrichs IV. verbrannt. Am nächsten Tage verkaufte man die Asche um einen Vierteltaler die Unze, und die Ohren, die beiseite geschafft worden waren, wurden von einem Amateur teuer bezahlt.

Im Jahre 1665 fand auf dem Hauptaltar dieser Kirche die Schaustellung der Reliquien der heiligen Regina statt.

Anna von Österreich hatte bei einem Pariser Goldschmied einen silbernen Reliquienschrein bestellt, um darin den Mittelhandknochen der Heiligen aufzubewahren und wünschte diesen dem Hospital von Alise zum Geschenke zu machen. Als die Arbeit vollendet war, wollte die Königin, dass ihre Pfarrkirche als erste der Gnade, die dieser ruhmreiche Überrest in sich barg, teilhaftig werde, und sie ordnete dessen Schaustellung während der Dauer von drei neuntägigen Andachten an.

„Eine Unzahl von Personen aller Stände", heisst es in den Berichten, „begab sich nach St. Germain, um vor dem Heiligenschreine zu beten."

Denn die Spezialität der heiligen Regina war, wie auch jene St. Hiobs, die Heilung geheimer Krankheiten. Wieso und warum? Ein alter Schriftsteller, der den prädestinierten Namen Méat führte, versucht uns dies in einem „Die heroische Jungfrau" betitelten Buche zu erklären.

„Zwei Gegensätze", erzählt er, „können nicht dem selbigen Wesen innewohnen, denn sie sind einander so feindlich, dass sie sich ohne Unterlass bekriegen und ihren Kampf niemals eher enden, als bis einer von ihnen den Sieg über den Feind errungen hat. Darum hört mein Staunen auf, wenn ich an den Gegensatz denke, der zwischen der Tugend und diesem hässlichen Laster besteht. Die heilige Regina aber, die während ihres Lebens sorglich ihre Keuschheit gewahrt hat, wollte nicht, dass nach ihrem Tode die Unreinen sich ihrer Quelle nähern, ohne von ihren Unreinheiten gesäubert zu werden. Daher kommt es, dass, wenn diese gläubig von jenem Wasser trinken, sie fröhlichen Mutes heimkehren, da sie dann von den abstossenden Leiden erlöst sind, die ohne dieses himmlische Mittel wohl so lange als ihr Leben selbst gewährt hätten."

Die Geschichte berichtet uns nicht, ob die Kranken, welche die Heilige zu St. Germain aufsuchten, auch geheilt worden sind. Wohl floss hier nicht der Quell, von dem Méat spricht, und der damals und auch heute noch im Dorfe Alise als Heilmittel verwendet wird; doch in Ermanglung des wundertätigen Wassers stand den Parisern eine andere Hilfsquelle zur Verfügung — sie konnten ausser der hilfreichen Himmelstochter von Burgund [12] auch noch den grossen, ebenfalls burgundischen Wundertäter anrufen, der alle Krankheiten heilte und der Schutzpatron der Kirche von St. Germain, in der sie beteten, war.

Am 14. Februar 1831 drang das Volk, unter dem Vorwande dem Seelenamte beizuwohnen, das für die Seelenruhe des Herzogs von Berry abgehalten wurde, in die Kirche.

Es war eine recht lächerliche Begebenheit. Um halb 1 Uhr mittags war die Seelenmesse beendet, und der Pfarrer hatte sich nach erteiltem Sündenerlasse bereits zurückgezogen, als einige hitzige Royalisten darauf verfielen, ein Bild des Herzogs von Bordeaux, ein St. Ludwigskreuz und einen Kranz gelb-schwarzer Immortellen an dem Katafalk zu befestigen.

Alsbald verbreitete sich draussen das Gerücht, dass die Henriquintisten einen Staatsstreich vorbereiten, eine Büste des Prinzen in der Kirche umhertrügen und daselbst weisse Fahnen entfalteten. Und ohne erst abzuwarten, stürzte sich der Plebs in die Kirche und warf dort alle Kultgegenstände zu Boden.

Dieser unüberlegte Streich endete vor Gericht, wo alle Angeklagten freigesprochen wurden. Eine 1831 bei Dentu erschienene Broschüre erzählt uns von diesen Heldentaten und diesem Probestückchen einer royalistischen Proklamation, dessen Komik mir augenfällig zu sein scheint.

Der Aufruf ist an die Herren Carbonari von Paris gerichtet und lautet:

„Meine Herren! Die Anhänglichkeit, die Sie der älteren Linie des Hauses Bourbon stets bewiesen haben, der

Schmerz, den Sie beim Tode des Herzogs von Berry, dieses wohltätigen Fürsten, der Ihnen durch ein abscheuliches Verbrechen entrissen wurde, das Sie des würdigen Vaters unseres Heinrich V. beraubte, bekundeten und der Abscheu, den die Bewohner der Auvergne über diesen entsetzlichen Mord empfanden, gibt uns Grund zu glauben, dass Sie es sich zur Pflicht machen werden, dem Seelenamte beizuwohnen, das am Jahrestage seines Todes in der Kirche des heiligen Germain von Auxerre abgehalten werden wird. Vertrauend auf die gerechten Gefühle, die Sie stets geleitet haben, hoffen wir Sie daselbst insgesamt versammelt zu finden.»

Doch sie kamen weder korporativ noch einzelweise, die undankbaren und doch so respektvoll behandelten Auvergner.

Wenn wir nun vom Jahre 1831 zum Jahre 1871 überspringen, finden wir die Kirche abermals mit Menschen angefüllt; diesmal sind es aber nicht mehr die Anhänger des Königtumes, sondern die Mitglieder einer Freidenkervereinigung, die sich hier im Kirchenschiff zusammendrängen; sie stehen unter der Präsidentschaft eines Herrn Pierre und einer gewissen Lodoiska, die mit einer Husarenjacke, einer Turkohose, einer Mütze mit roter Kokarde und mit goldbequasteten Stiefeln ausstaffiert ist.

Und während ein Trunkenbold von der Kanzel herab hochtrabende Reden hält, durchstösst ein anderer den Mund der Marienstatue mit dem Bajonett und steckt eine

Pfeife hinein: dann entreisst er ihr das Jesuskind, und aus der vor Freude trampelnden Menge hört man hinüber und herüber Scherze, die genau überliefert worden sind: „Lang einmal den Balg her, damit man ihn doch umarmen kann!" — „So macht ihm doch das Maul auf, dass man sieht, ob er schon gezahnt hat!"

Und man trägt das Kindlein herum, bis man es endlich zerbrochen in einen Winkel wirft. Doch, um die Wahrheit zu gestehen, beschränkten sich die Föderierten auf diese tempelschänderischen Erbaulichkeiten und gottlosen Possen und zeigten sich weniger gewalttätig als andere Trunkenbolde, die, nachdem sie die Priester misshandelt hatten, die Kirchen ausplünderten; denn sie begnügten sich damit, ein paar Chorhemden zu stehlen und zwei Klaviere fortzutragen, die, man weiss nicht recht zu welchem Zwecke, dagestanden hatten.

Die Zeiten haben sich geändert; hat die Kirche des heiligen Germain einst fromme Versammlungen und Zusammenrottungen einer erregten oder spottlustigen Menge gesehen, hat sie während des Konvents sogar die heiteren Zusammenkünfte leichtfertiger Stutzer und schwerfälliger Gevatterinnen gekannt, die sich vor ihrer Tür versammelt hatten, um die verwegenen und armseligen Lieder eines Ange Pitou [13] zu bejubeln, so weiss sie heute von keinerlei Menschenansammlungen mehr. An ihren Toren eilen Menschen im Drange ihrer Geschäfte vorbei, und ihr Inneres ist eines der einsamsten Kircheninterieurs von Paris; ihr Schiff ist nicht einmal an Sonntagen während des Hochamts vollbesetzt, trotz der Schulkinder, die man hineinpfercht.

Das Kirchspiel der Könige ist zum Kirchspiel der Mode geworden; die Kirche wird von den Kaufhäusern der „Belle Jardinière", des „Pont-Neuf" und der „Samaritaine" eingeschlossen, welch letzteres sie beinahe berührt; denn die blaue Livree seiner Schaufenster reicht bis in die Rue de l'Arbre-Sec, und ein scheusslicher Eisenbau, der jüngst aufgeführt wurde, reckt sich, von einem Chinesenhut, statt eines Turmes überragt, vor ihrer Apsis in die Höhe — da, wo ein braver Bürger, der Herr Jehan Tronson, Tuchhändler von Paris, der die Geldmittel zu ihrem Wiederaufbau hergegeben, seine Signatur in einem Friese unter dem Dache anbringen liess, auf welchem zerstükkelte Karpfen einen Rebus darstellen sollen.

Selbst zur Zeit, da die Könige das Louvrepalais bewohnten, half der Tuchhandel die Kirche verschönern: er kam den oft schlechtgefüllten Geldbörsen der Herrscher zu Hilfe. Die Vorliebe der Tuchhändler für diese Kirche erklärt auch die Anwesenheit der Statue, die unterhalb des Narthex steht und eine Maria von Ägypten, ihre Lieblingsheilige und Schutzpatronin, darstellt. Sie haben diese wahrscheinlich erwählt, weil ihr der heilige Zosimus, als er ihr in der Wüste begegnete, da sie nur von ihrem langen Haar bedeckt war, seinen Mantel gab, um sie darein zu hüllen.

Heute gibt es keine Monarchen mehr, und ich glaube, dass auch die grossen Tuchindustriellen sich weniger um die Kultusbedürfnisse kümmern, als es ihr Vorfahr Tronson getan. Diese Bemerkung soll kein Vorwurf sein, denn es ist gewiss ein Glück, dass dem so ist. Wollten sie tatsächlich ihre Kapellen restaurieren oder ausschmücken lassen, sie wären wie der Staat, dessen Stelle sie in dem Falle einnehmen würden, gezwungen, sich an gefährliche Baumeister und schadenbringende Maler zu wenden — und was würde dann aus dem wehmütigen, weltfremden Zauber dieser traulichen Kirche?

SKT. MERRY.

Der heilige Médéric oder auch Merry ist kein Heiliger, über den man eine Fülle von Überlieferungen und Aufschlüssen erlangen kann. Was über sein Leben bekannt ist, lässt sich in wenigen Zeilen zusammenfassen. Nachdem er im Alter von dreizehn Jahren in das, nächst seiner Geburtsstadt Autun gelegene, Benediktinerkloster zum heiligen Martin eingetreten war, wurde er späterhin Abt dieses Klosters: er floh jedoch in die Wildnis, um hier das Leben eines Einsiedlers führen zu können, wurde aber vom Bischof von Autun mit Gewalt wieder in den Kreis der Mönche zurückgebracht, doch entfloh er abermals mit einem seiner Schüler, dem heiligen Frodulphus, und gelangte in die Nähe von Paris. Hier entdeckte er in einem Wäldchen eine Kapelle, die dem heiligen Petrus gewidmet war, und erbaute sich eine Klause in deren Nähe. Nachdem er diese Zelle zwei Jahre und neun Monate lang bewohnt hatte, starb er am 29. August des Jahres 700 und wurde in besagter Kapelle beigesetzt. Schlusspunkt — denn dies ist alles!

Gegen das Ende des IX. Jahrhunderts liess ein Hauptmann, der unter dem Oberbefehl des Grafen von Eude gekämpft hatte, dessen Heer Paris belagerte, und der den Namen Odo falconarius (Odo der Falkner) führte, an Stelle der zusammengestürzten Kapelle eine romanische Kirche erbauen: diese wurde als Stiftskirche ausgestattet und unter doppelten Schutz gestellt, und zwar waren Skt. Peter und Skt. Merry ihre Patrone. Nach und nach verdrängte letzterer durch seine Wundertaten seinen Partner und blieb der einzige Titular der Kirche, die im XVI. Jahrhundert zerstört wurde.

Jene, die sie später ersetzte und die heute noch besteht, wurde im Jahre 1525 begonnen und 1612 vollendet.

Als das Fundament der neuen Kirche gelegt wurde, fand man, wie der brave Gilles Corrozet in seinen „Antiquités chroniques et singularités de Paris" erzählt, unterhalb des Hauptaltars in einer Steingruft den Leichnam ihres Begründers, dessen Füsse mit Goldlederschuhen bekleidet waren, und der im Augenblicke, da er der Luft ausgesetzt wurde, zu Staub zerfiel. In der Nähe befand sich auch seine Grabschrift, deren Jahreszahlen des hohen Alters wegen nicht entziffert werden konnten. Die Inschrift wurde in eine neue Platte in der Mitte des Chors eingraviert und lautet, wie folgt:

„Hic jacet vir bonae memoriae Odo falconarius, fondator hujus ecclesiae."

Und Corrozet fügt hinzu: „Vormals war hier nur eine kleine Kapelle, in welcher, wie Vincent historial im fünften Buche, Kapitel iiijxxij, sagt, Skt. Merry verstorben ist. Sein Leichnam wurde daselbst bestattet und ruhte hier zwei Jahre lang, dann, im Jahre 1304, wurde er aus der Erde gehoben und in ein silbernes Behältnis in selbiger Kirche getan.»

Andererseits berichtet uns der historisch-chronologische Kirchenkalender von Paris für das Jahr 1747, dass der Gefährte des Heiligen, St. Frodulphus, vulgo St. Frou genannt, auch in Paris starb, und dass sein Leib neben dem seines Meisters im Innern der Skt. Merrykirche bestattet wurde.

Als die neue Kirche erbaut wurde, liess man es sich angelegen sein, an Stelle der Gruft, in der die sterblichen Hüllen der beiden Heiligen gelegen hatten, eine Krypta zu errichten — sie besteht heute noch; doch hat sie niemals die Überreste der beiden Heiligen beherbergt, da diese im Chor oberhalb des Hauptaltars, in einen Reliquienschrein verschlossen, zur Schau gestellt worden sind; letzterer wurde im Jahre 1625 durch die Domherren der Notre-Damekirche auf ihren Inhalt geprüft. Sie fanden darin ausser den Gebeinen noch ein Fläschchen, an dem ein Zettel mit folgender Aufschrift hing: „Dies ist eine Balsamphiole und wurde von dem wohlgeborenen Herrn Etienne Maupas im Jahre 1339 am 25. Maientage geschenkt.»

Der Schrein wurde 1793 wieder geöffnet, doch geschah es diesmal durch die Sansculotten, die sich beeilten, die frommen Überreste und die Phiole auf den Schindanger zu werfen.

So gibt es heute keine Reliquien des heiligen Merry

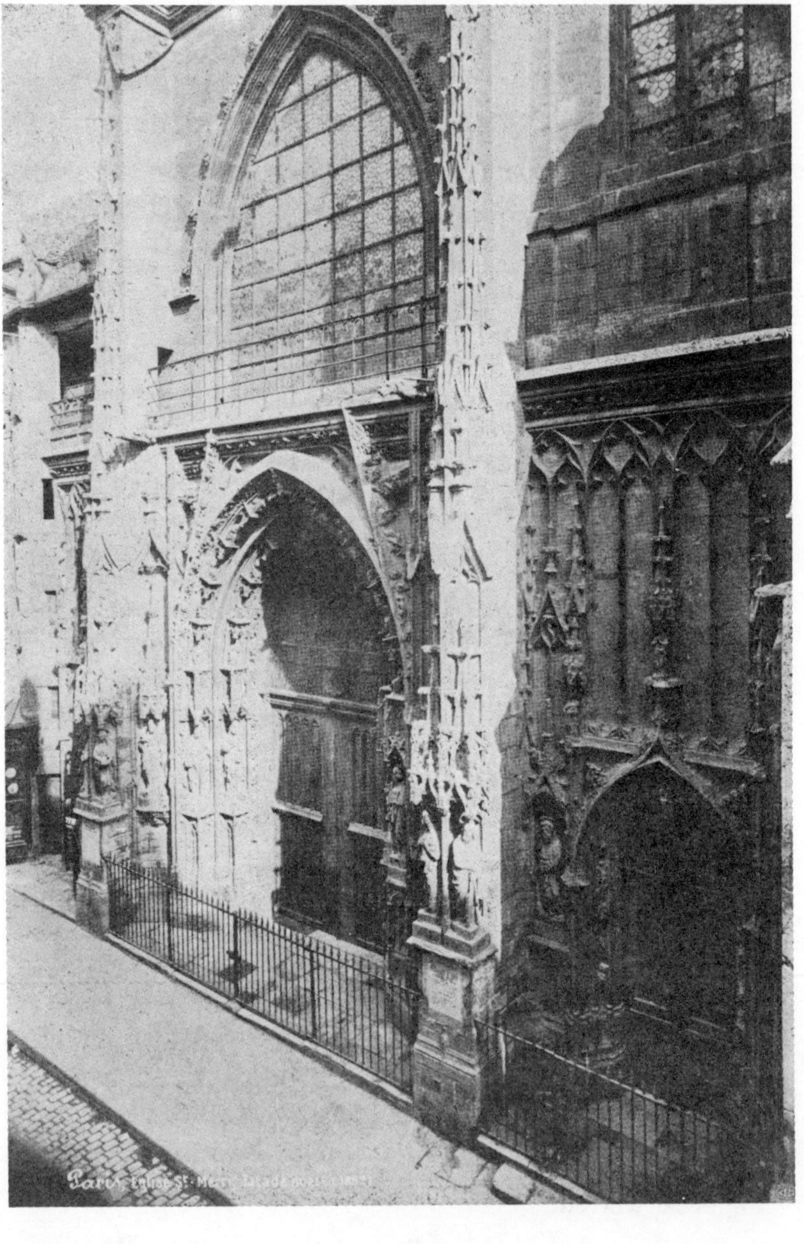

Saint-Merry

mehr. Von Dingen, die ihm einst zu eigen gewesen, kann man noch, sagt der Abbé Salmon in seinen „Pélerinages de Paris", das Fragment eines mit sonderbaren Zeichnungen geschmückten Messgewandes sehen; es ist im Besitze des Kirchenschatzes von Longpont.

Ausser dem Turme, der im unteren Teile Spitzbogen aufweist, dessen obere Stockwerke aber die Pilaster und Bogen des XVII. Jahrhunderts tragen, ist die jetzige Kirche im gotischen Stile der letzten Periode erbaut. Das Hauptportal liegt an der Rue Saint-Martin; es ist schwer, einen Gesamteindruck davon zu gewinnen, da die Enge der Gasse uns nicht genügenden Abstand gewährt.

Drei Spitzbogentüren, die mit Verkröpfungen und Blumenwerk geschmückt sind, durchbrechen dies Portal, dem von seinen ursprünglichen Ornamentenzieraten nur weniges übrig geblieben ist; doch einiges darunter, besonders an der rechtsseitigen Tür, verdient unser Lob.

Da sehen wir oben einen Hund und einen Hasen im Blattwerk kauern, die hier ein ewiges Versteckenspiel miteinander treiben; tiefer unten einen Dudelsackpfeifer, der eine Art Möbelpackermütze auf dem Kopfe hat und in halb sitzender Stellung seit Jahrhunderten die an ihm vorbeiziehenden Enkel seiner Pariser betrachtet, die sich sogleich nach seiner Geburt, um ihn zu feiern, versammelt hatten, als man ihn eben in die seiner harrende Wiege an seiner Tür brachte.

Heute gehen sie alle an ihm vorüber, niemand bleibt bei ihm stehen. Er lebt als Fremdling fort, denn er hat die naiven Sympathien und die Anteilnahme überlebt, die im Laufe der Jahrhunderte längst in Vergessenheit geraten sind.

Auf den Gesimsen der anderen Pforten unterscheidet man auch noch einiges: Drachen, die zum Erdboden herabkriechen, Reste von Masken, die als Konsolen gedient hatten, dreiteilige Arkaden, Efeu und Weinranken, die sich in den Vertiefungen der Schwibbogenzierate verästeln. All dies ist mehr oder weniger unberührt geblieben, doch das übrige hat Veränderungen erlitten, und alle Statuen sind unecht.

Die zwölf grossen und die sechs kleinen Statuen, die die Nischen der drei Türen ausfüllen, welche während der Revolution ausgeräumt wurden, sind 1842 von Desprez und Brun fabriziert worden; die unter den verzierten Baldachinen der Bogenrundung am obersten Teile der mittleren Türöffnung stehenden achtzehn Statuetten sind Abgüsse nach Statuetten des XIII. Jahrhunderts von der Notre-Damekirche. Es wäre sicherlich besser gewesen, Figuren aus dem XVI. Jahrhundert zu reproduzieren, die dann zum mindesten mit dem ganzen Stil der Kirche in Einklang gewesen wären; doch dürfen wir nicht klagen, denn man hätte Schlimmeres ersinnen können, indem man z. B. neue Skulpturen bei unseren heutigen medaillengeschmückten Tonknetern bestellt hätte.

In jedem Falle, ob nun alt oder neu, die achtzehn Statuetten haben durch Staub, Schmutz und Regen eine so tüchtige Patinaschicht erhalten, dass auf die Entfernung bei einigem guten Willen sich die Verschmelzung vollzieht und diese geschwärzte, wie zerfressen aussehende Fassade wohltuend und angenehm auf all jene wirkt, denen die modernen Kirchen mit ihren rohleinenfarbenen Mauern, deren Eindruck mitunter noch durch zahlreiche weisse Tünchschichten verschlimmert wird, ein Greuel sind.

Die Nordseite der Skt. Merrykirche zieht sich längs der Rue du Cloître dahin, auf die hoch oben ein Fenster mit spätgotischen Fensterpfosten hinausgeht; dieses Fenster wird von einer Wachhundemeute überhangen, die eine Menagerie von Ungeheuern hütet, deren steife, über die Strasse ragende Oberkörper früher aus ihren verzerrten Mäulern Regenströme herabspien.

Es waren, wie ich gerne glauben will, vorzügliche Duschbäder, die die Vorübergehenden auf diese Weise bekamen; waren sie auch vielleicht weniger wohltätig für Kleider und Leib, so waren sie es zumindest doch für die Wohlfahrt der Seele.

Diese Besprengungen waren tatsächlich ein Kräftigungsmittel gegen die Entkräftung durch die Sünde, ein innerliches Herzstärkungs- und Erwärmungselixier.

Unsere Väter kannten die symbolische Sprache der Wasserspeier. Sie betrachteten sie als versteinerte Abbilder jener Fürsten der Lüfte, von denen St. Paulus spricht — d. h. als Teufel, die von der geweihten Stätte vertrieben und von ihrem Giebel so weit weg als möglich verbannt wurden. Und während sie unter der Wucht der Regengüsse, mit denen diese Ungeheuer ihre Schädel überschwemmten, erschauerten und sprangen, hielten sie Einkehr in sich selbst, fassten gesunde Vorsätze, schworen sich zu, den Fängen dieser bösen Geister durch die Reinigung der Busse und des Gebets zu entrinnen.

Auf der Südseite bewahrt die Kirche noch einige Probestücke ihres höllischen Tiergartens, doch sieht man diese kaum, denn der Flügel ihres Querschiffs, der sich über die Rue de la Verrière erhebt, wird vom Presbyterium eingeschlossen und von anderen Häusern verdeckt.

Das grosse Fenster, das jenem auf die Rue du Cloître hinausgehenden gegenübergestellt ist, ist unsichtbar; man kann bestenfalls oberhalb der Dächer eine Giebelspitze und zwei Türmchen mit Stabwerk, die ein paar Ungeheuern als Käfig dienen, ausnehmen.

Das Kircheninnere ist kreuzförmig; Schiff und Chor sind von einem Seitenschiff umsäumt, das von Kapellen besetzt ist, die untereinander durch Spitzbogentüren, welche in die Scheidemauern gebrochen sind, in Verbindung stehen. Von den Fensterverglasungen, auf welche die vier besten Glasmaler des XVI. Jahrhunderts Héron, Parvy, Chamu und Nogare Szenen aus dem Leben des heiligen Petrus, Joseph, Johannes des Täufers und Franz von Assisi gemalt hatten, sind noch einige Bruchstücke im Mittelschiff erhalten geblieben; andere nicht zusammenhängende Stücke wurden in etwas wahlloser Weise in die Fenster mit den weissen und grünen bleigefassten Scheiben eingelassen, die gegenwärtig die Kapellen des Seitenschiffes belichten.

Hier wie in St. Germain von Auxerre und wie beinahe in allen alten Kirchen waren es die Kanonici des XVIII. Jahrhunderts, die die gemalten Kirchenfenster unter dem Vorwande, dass sie zu wenig Licht durchliessen, beraubten.

Ausser dem Chor, der ebenfalls im XVIII. Jahrhundert von ihnen verbessert wurde, und einer grossen Kapelle, die ein gewisser Richard ersann, der im Jahre 1754 drei gotische Kapellen niederreissen liess, um die seinige an ihre Stelle zu setzen, ist das Innere von Skt. Merry in gotischem Stile gehalten, mit Spitzbogenpfeilern, ohne jegliche Kapitäle, mit gotisch gezackten Fenstern, netzartigen Gewölberippen und wappengeschmückten Schlusssteinen.

Jener oberhalb des Transepts erinnert an den Knotenstrick des heiligen Franziskus, der mit seinen Quasten zuerst flach auf dem Steine aufliegt und dann, frei in der Luft hängend, eine kunstvolle Schleife bildet, die gewiss früher einmal himmelblau bemalt und mit Gold aufgehöht gewesen ist.

Wenn man das Innere betritt, ist der erste Eindruck imposant. Das Schiff schiesst mit seinen Mauern, die durch Fenster leichter gemacht werden, mit einem Sprunge in die Lüfte empor; man atmet hier, nachdem man soeben den Lärm des geschäftlichen Treibens der Rue Saint-Martin verlassen, den Duft, die Ruhe und Sammlung einer lieben und alten Kirche. Doch erleidet dieser Eindruck einen Schlag, wenn man aufschaut und oben den Hintergrund des Schiffes und den Hauptaltar betrachtet, denn die Apsis wird durch drei Glastafeln erleuchtet, deren grelle Töne in dieser gedämpften Atmosphäre schreiend wirken; die mittlere zeigt einen süsslichen Gottvater, einen Christus, dessen Gewand wie aus Blutorangenfleisch gemacht ist und einen qualvollen Anblick bietet. Doch ist es besonders die rechtsseitige Tafel, die uns die Niedertracht der Farben des modernen Glasmalers, der sie färbte, kundtut. Da ist ein in Stachelbeerrot und Preussischblau gekleideter Christus, der vor einem knienden, in Pfauenblau und Jonquillengelb getauchten Weibe steht, und diese Farben wirken aufs Auge, wie etwa von irrsinnigen Hanswursten auf einer Jahrmarktsbühne ausgestossene Klapphornsalven.

Und unterhalb dieses Farbengetöses speit ein riesenhafter Heiligenschein aus vergoldetem Holze, gleich einer Feuerwerkssonne, seine Strahlen nach allen Richtungen hin aus und bildet, wenn man ihn so auffassen will, die Aureole einer gigantischen weissmarmornen Christusstatue, die seit dem Jahre 1866 oberhalb des Altares steht.

Was den Chor anlangt, so ist er, wie ich bereits sagte, im XVIII. Jahrhundert vollkommen umgestaltet worden; die Spitzbogen wurden in Rundbogen umgewandelt, die Seiten der Pfeiler mit Marmortafeln verkleidet, die graue oder braunviolette Farbtöne zeigen; letztere erinnern an Brustbeerengelee, alle sind aber von weissen Fadennudelstreifen durchzogen. Nachdem dieser Vandalenstreich nun schon einmal verübt worden ist, müssen wir doch gestehen, dass Skt. Merry noch mehr Glück hatte, als St. Germain und sein Nachbar Skt. Nikolas; denn seine Säulen wurden nicht durch Kannelierungen verdorben und der ihn entstellende Schmuck ist von aufrichtigerer Beschaffenheit und trägt ohne allzu viele Verschweigungen den merkwürdigen Stempel dieser Epoche, deren Ästhetik nur ein Hutschnallen- und Nipptischideal in die Welt gesetzt hat.

Sie schuf tatsächlich entzückende Möbelstücke, doch ging diesem Jahrhundert mehr als allen anderen jeglicher Sinn für Mystik ab. Und dennoch — denkt man an die Gemeinheit unserer zeitgenössischen Architektur und Ausschmückung, schätzt man sich schliesslich noch glücklich, das gequälte Lächeln dieser Schnörkelkunst in einer Kirche wiederzufinden.

Selbst jenes einer Kunst, die wie diese hier nur mehr auf einzelne Brocken beschränkt worden ist! Wahr ist, dass sie da, wo wir sie in Paris vollständiger zu sehen bekommen, darum doch nicht minder mittelmässig ist; wir finden auch dort nur XVIII. Jahrhundert zweiter Güte. Skt. Thomas von Aquino z. B. ist ein, mit echten rechten Parterrelogen, die sich um die Bühne, d. h. um den Hauptaltar gruppieren, ausgestatteter Theatersaal; seine Ausschmückung ist zaghaft und unbestimmt, sie gibt sich nicht sogleich zu erkennen und versucht beinahe, uns irrezuführen, indem sie ein unklares Kompromiss zwischen einem Ballettsaal und einer geweihten Stätte schliesst. Es ist ein Zwitterwerk, ein Betsaal für Balletttänzerinnen. Will man die überraschende Gesamtwirkung einer Kirche aus dieser Zeit sehen, die noch unberührt geblieben ist und nur der Freude an der Herstellung gefälliger Kleinkunst ihr Entstehen dankt, dann muss man nach Mainz gehen. In dieser Stadt gibt es wirklich zwei Kapellen, sozusagen die kleinen Dünkirchen der Madonna [1], besonders die eine, die Liebfrauenkapelle in der Augustinerstrasse, welche die echten Perlen des Rokoko sind. Hier finden wir alles beisammen: weisse, wie mit Reismehl bepuderte Wände, goldene Netzgitter, einen baldachinüberdachten, kronengeschmückten Hochaltar, Scharen von Putti, die die marmornen Wandverkleidungen der kapitälgezierten Säulen beleben; eine grosse Orgel mit Tribüne, deren Leib wie eine Kommode ausgebaucht und mit pausbackigen Amoretten und erhaben herausgearbeiteten Musikinstrumenten, wie Flöten, Geigen, Tamburinen und Bassgeigen, geziert ist. Die Decke ist im Geschmacke Tiepolos gemalt, die Kanzel von einem goldenen Dreifaltigkeitssymbol überragt, das von einem Schwarm wohlgenährter Seraphim umflattert wird. Überall, wohin man schaut, sieht man nichts als runde Röschen, krauses Blattgeranke, Voluten, Feuerpfannen und Muschelwerk; hier herrscht das Geschwätz des vergoldeten Holzes, die schöntuerische Geziertheit des Marmors, die Verschnörkelung der Leuchter und die herausgeputzte Affektation der Auflagsdekorationen, das alles duftet nach Ambra und Bergamottöl, ist prunkvoll und köstlich theatralisch und leicht; es ist bis zur Grenze des Möglichen antimystisch; aber wieviel höher steht dies für eine Estelle hergerichtete Boudoir als jene Kasernen Gottes, jene frommen Hallen, welche ein Ginain, Baltard, Ballu oder Abadie und die gesamten Rhetoren der modernen, architektonischen Grosstuerei uns fabrizieren!

Die Ausschmückung von Skt. Merry kann mit jener der Mainzer Liebfrauenkapelle nicht verglichen werden, denn sie ist unvollständig, grob und plump. Und doch spricht uns der Chor mit seinen vergoldeten Engelköpfchen, seinen stäbchenverzierten Kapitälen, seinem Marmor, seinen zurechtgestutzten Bronzen und geschwungenen Skt. Jakobsmuscheln an. Dasselbe gilt auch von der Kapelle, die jener Richard rechts, beim Eingang zum Hauptportal, untergebracht hat. Sie ist gross und kalt, an der Decke von weissen gespitzten Glastaschen, die wie Pierrothütchen aussehen, belichtet, doch besitzt sie Bilder und Statuen, die in uns dieselben Betrachtungen wie der Schmuck der Mainzer Liebfrauenkirche anregen.

In beiden Fällen handelt es sich um eine anfechtbare Kunstrichtung, aber Kunst ist es trotzdem.

Im Hintergrund dieser Kapelle, zu welcher man durch drei Arkaden gelangt, erhebt sich ein Altar mit griechischem Vordergiebel und korinthischen, goldübernetzten Säulen oberhalb des Tabernakels und einem grossen Gemälde, das die Pilger von Emmaus darstellt. Wenn man bedenkt, was ein Künstler wie Rembrandt aus diesem Vorwurf gemacht hat, steht man vor diesem Bilde Coypels bestürzt da. Man stelle sich in einer Art von trompe-l'œil gemalt, einen mit einem bläulichen Gewande angetanen Christus vor, der, an einem Tische sitzend, eine Taschenspielergeste ausführt, während rechts ein Kerl seinen Kopf über den Tisch beugt und links ein anderer weissbärtiger Geselle ihn ansieht und ihm seine Hände entgegenhält. Im Vordergrund sieht man einen Diener in roten Hosen, der die Schüsseln zur Abendmahlzeit trägt, eine Treppe hinaufsteigen; denn die Szene spielt sich im Vestibül eines Palastes ab. Über dieser Christusgestalt, deren Haupt von einem peinlich gepinselten Nachtlampenschein umflossen ist, schweben Engelsschwärme auf den rötlichen Wolken einer Zimmerdecke.

Dieses Bild kann alles mögliche darstellen, ausgenommen die Evangelienszene. Wäre die Benennung des Bildes nicht bekannt, könnte man sich die Handbewegung Christi unmöglich erklären.

Und trotzdem fesselt uns Coypels Bild. Es würdigt zwar eine der herrlichsten Bibelstellen zu einer schlechterzählten Anekdote herab, doch offenbart es uns dafür, trotz des billigen, fast leichtfertigen Eindruckes, den seine Farbe hervorruft, eine unseren heutigen religiösen Malern unbekannte Kraft und Solidität der Malweise.

Ähnlich verhält es sich auch mit den oberhalb zweier Türen in Hochrelief ausgemeisselten Engeln der Brüder Slodtz [2], der eine links hält die Gesetzestafeln, der andere rechts den Kelch. Ebensowenig als die federkrausenumrahmten Köpfchen der körperlosen Amoretten, die sie umflattern, sind diese Engel reine Genien; sie stellen ganz einfach halbnackte Knabengestalten dar, deren elegante Drapierungen davonfliegen. Es sind geschmeidige, vornehme Heiden, und sie triumphieren in dieser Kapelle, in der man wahrscheinlich, um ihre Wirkung zu steigern, einige moderne Statuen untergebracht hat; zwei davon, ein Skt. Petrus der Einsiedler und ein Skt. Antonius, die Evard im Jahre 1842 meisselte, sind indes leidlich.

Dies sind die Beiträge, die das XVIII. Jahrhundert zu der im XVI. Jahrhundert zu Ehren des heiligen Merry erbauten Kirche geliefert hat.

Besitzen wir nun aber wenigstens den gesamten Schmuck, den diese Epoche der Kirche schenkte?

Nein, denn Germain Brice [3] liefert uns eine Schilderung des Kircheninnern, wie es zu seiner Zeit gewesen und sagt:

„An den hohen Festtagen werden recht schöne Wandteppiche zur Schau gestellt, die das Leben unseres Heilands nach Kartons des königlichen Malers Heinrich Lerembart, dessen Arbeiten einigen Anspruch auf Schönheit machen konnten, darstellen."

Diese Wandteppiche sind verschwunden.

„Es gab auch noch", fügt Brice hinzu, „ein Mosaikbild, das die Mutter Gottes mit dem Jesuskinde, von Engeln umgeben, darstellte; diese Tafel war von Johann von Ganay, Ersten Präsidenten des Parlaments, aus Italien mitgebracht worden."

Und er fährt weiter fort:

„Neben dem Chor, nahe bei der Sakristeitür, wurde

ein Grabmal für Simon Arnauld, Marquis von Pomponne, der als Staatsminister starb, errichtet; die Kapelle, in der sich dieses Monument befindet, ist sehr klein, darum macht die Menge der darauf befindlichen Figuren und Ornamente nicht den gewünschten Eindruck. Diese Arbeit stammt von Barth. Rastrelli, einem Italiener.»

Er gibt noch an, dass Simon Marion, Generalanwalt des Parlaments und Johann Chaplain, «Dichter und Schöngeist, Mitglied der Académie francaise» in dieser Kirche begraben wurden.

Die Asche dieser Persönlichkeiten ist längst verstreut und das Grabmal des Marquis von Pomponne zerstört worden. Verbleibt noch das Mosaikbild, das nach dem Museum von Cluny überführt wurde.

Der biedere Germain Brice vertrat die Meinung seines Jahrhunderts über den gotischen Stil, den er für nichtsnutzig und barbarisch hielt. Darum ist er von der Skt. Merrykirche, die er ganz nebenbei abfertigt, wenig begeistert: er sagt als einzige Anerkennung, sie sei «räumlich ziemlich regelmässig verteilt, doch trübselig, finster und schmutzig.»

Doch kommen wir nun zur Kirche selbst, so wie sie heute dasteht, zurück. Die Beschreibung der meisten Kapellen wäre unnütz; die Fresken, die die Wände bedecken, verschwinden im Dunkel und sind kaum sichtbar; doch braucht man die Vorsicht dieser Beleuchtung nicht zu bedauern, denn sie verbirgt uns Werke, die uns weder vom Standpunkt der Frömmigkeit, noch vom Standpunkt der

Kunst aus, in irgendeiner Weise befriedigen können. Die Fresken von Chassériau, welche die Kapelle der Maria von Ägypten schmücken, sind schwach und weichlich; sie sind wie eine pflichtmässige Aufgabe, ohne jede Freude ausgeführt. Was die anderen, besser belichteten Bilder anlangt, z. B. die blaue Madonna von Van Loo und die grosse Plache von Marie Belle, die das Sühnopfer für die aus dieser Kirche gestohlenen heiligen Abendmahlsbrote darstellt, so könnten sie durch das Untertauchen in ein wohltätiges Halbdunkel nur gewinnen, denn die Madonna ist geleckt und süsslich und die Arbeit von Belle, die wie in Kalbsbratensauce getaucht erscheint, ist mit ihren gezwungenen, knienden Priestergestalten, die alle die Hände nach einer Hostie und einem am Boden umgestürzten Ziborium ausstrecken, von prunkhafter, billiger Dramatik; das ist Sakristeimelodramatik, Kunstpfäfferei.

Im ganzen verdienen drei Dinge, dass wir uns mit ihnen beschäftigen; es sind zwei Bilder und ein altes Weihwasserbecken, die einzigen Stücke, die in diesem Museum fesseln.

Eines dieser Bilder ist ein Porträt der Frau Acarie[4], welches über dem ihr geweihten Altar hängt, der den Namen der „in Gott seligen Marie von der Inkarnation" trägt. Dieses aus dem XVIII. Jahrhundert stammende Bildnis, dessen Maler unbekannt ist, leuchtet aus den faden Malereien von Cornu, die es umgeben, heraus. Dies Bildnis einer ein wenig aufgedunsenen Frau mit rosigem Teint, die, in ein härenes Gewand gekleidet, in die Betrachtung einer winzigen heiligen Therese versunken ist, die im strahlenden Lichtoval eines Heiligenscheines erscheint, gemahnt uns daran, dass die Begründerin des Karmeliterinnenordens von Frankreich in dieser Kirche am 2. Februar 1566 getauft wurde. Sie besuchte die Skt. Merrykirche stets in ihrer Jugendzeit, doch kam sie nach ihrer Verheiratung nur noch selten dahin, da sie in der Judengasse wohnte, und ihr Biograph Boucher teilt uns mit, „sie habe kaum einen anderen Weg gekannt als jenen, der von ihrem Hause nach Skt. Gervais, der Kirche ihres Pfarrsprengels führte".

Doch vom Standpunkt der Kunst aus steht eine alte, gemalte Holztafel, die in einer benachbarten Kapelle in falscher Beleuchtung hängt, hoch über diesem Bildnis, das seine Wirkung hauptsächlich seiner erbärmlichen Umgebung verdankt. Die Tafel, die früher in die Vorderwand eines Altars eingelassen war, ist ein interessantes Probestück der italianisierten französischen Malweise des XVI. Jahrhunderts.

Das Bild stellt eine sitzende heilige Genovefa mit dem Hirtenstabe dar; sie wird von einer kleinen Prinzessin mit blondem Wellenhaar verkörpert, die uns, aufrichtig gesagt, viel eher an eine Diane von Poitiers erinnert, als an eine Heilige, die, von einer Schafherde umgeben, auf einem Felde lagert, das von aufrecht in der Erde stehenden, an die bretonischen Dolmen erinnernden Steinen umfriedet ist; ein schwarzer Hund hat seine Pfoten auf ihre Knie gelegt und bettelt um eine Liebkosung, während sie Gebete aus einem Buche liest. Petersilienartig geformtes Blattwerk und die Festungstürme einer Stadt heben sich im Hintergrund von einem russigbraunen Himmel ab; man sieht da zwei Männer, die hinter einem Weibe — wahrscheinlich soll dies die Heilige selbst sein — herlaufen; doch finden wir in ihrer Lebensgeschichte keine richtige Erklärung dieser Szene.

Jedenfalls wirkt dieses ein wenig überzarte Bild anziehend und würde wohl verdienen, so zur Schau gestellt zu werden, dass man es betrachten kann, ohne erst eine Kerze anzünden zu müssen.

Dasselbe gilt auch für das Weihwasserbecken, das man in der Dunkelheit nur mit Mühe besehen kann. Das Becken aus weissem Stein, das aus der Zeit Ludwigs XII. stammt, trägt das französische und bretonische Wappen in Verbindung mit den Passionswerkzeugen; die vom Staub der Zeit angegraute Reliefarbeit dieser Skulpturen ist noch wohlerhalten und lebendig.

Schliesslich bleibt uns noch die Krypta, zu welcher man über fünfzehn Stufen hinabsteigt; beim Eintritt schlägt uns Kellergeruch entgegen. Man tappt im Dunkeln hin und her; kaum kann man beim Kerzenscheine ein niedriges Gewölbe wahrnehmen, dessen Rippen in einen Mittelpfeiler zusammenlaufen; die Bogenschlusssteine sind mit Rosetten verziert, die Kapitäle von Weinranken umblüht. Leider ist alles hergerichtet worden und die Mauern zwischen den steinernen Säulen, die davon eingeschlossen werden, sind mit angestrichenem Gusseisen bekleidet, das den Faltenwurf eines Vorhanges nachahmt; wozu diese Kassenschrankpanzerung?

Dieser Keller, in dem sich am Namenstage des heiligen Merry die Prozession bewegt, enthält unbrauchbare Altäre, einen alten, mit Kupfer übermässig aufgeputzten Heiligenschrein und eine in einem Winkel auf der Erde stehende Madonnenstatue aus dem XVIII. Jahrhundert. Der einzige annehmbare Gegenstand ist ein alter, an einer ganz finsteren Stelle neben dem Eingang an einer Holzwand befestigter Grabstein. In diesem Ablagerkeller hat man das Gefühl, in einer Rumpelkammer zu sein, in der alle heimatlosen Gegenstände und jene, die nun nicht mehr gefallen, aufgehäuft werden.

So sieht im gegenwärtigen Augenblicke die Skt. Merrykirche aus.

Glücklicher als die meisten ihrer Pariser Mitschwestern, steht sie nicht in einer modernen Umgebung allein da; sie ist mit den benachbarten uralten Gassen, die der stumpfsinnigen Begeisterung unserer Zeit für Eisen- und Betonkonstruktionen noch nicht unterlegen sind, in Verbindung geblieben. Um sie her gibt es noch köstliche, verrufene Gässchen, unter anderen eine gewisse Rue Taillepain, die man unter demselben Namen und in derselben Gestalt auf Turgots Stadtplan wiederfinden kann: sie gleicht einer seitlich am Boden liegenden Pfeife, deren Rohr vom Kloster von Skt. Merry, gegenüber dem grossen Transeptfenster ausgeht, und deren Kopf sich in der Rue Brisemiche zu einer Strassenkreuzung erweitert.

Die Rue Taillepain ist ein von Häuserrücken eingefasster Gang; fast alle diese Häuser haben keine Türen, sondern nur Fenster, die entweder übermässig quadratisch sind, oder, allzusehr in die Länge gezogen, schief emporsteigen und mit ihren Einfassungen aus schmutzigen Steinen, mit Staub auf unsichtbare Fenster gemalte Landschaften, umrahmen. Jene aber, die Eingänge besitzen, begnügen sich statt der Türen mit einfachen Spaltöffnungen, an denen in Mannshöhe Eisenstangen angebracht sind, so dass man sie für Verteidigungsschiessscharten oder für Angriffsausfalltore halten könnte. Das ganze Viertel ist elend, doch entströmt ihm ein sonderbar muffiger Geruch, wie nach altem Bettelvolk, der erfreulich wirkt. Die Fusssteige werden durch schwarze und glitschige Pflastersäume von Zinshäusern gebildet, die auf Aushängetafeln die Aufschrift: „Hier vermietet man Nachtquartier" tragen: die Läden sind finster, und überall ragen Lichtreflektoren, die bemüht sind, ein wenig Helle in das Dämmerlicht der Räume zu werfen, aus der Fassadenlinie heraus. Der grösste Teil dieser Läden ist von Weinhändlern letzter Güte, von Kneipen für Zuhälter, besonders aber von Flickschustern und Händlern mit altem Schuhwerk besetzt — es ist der „Altschuhmarkt".

Die Strasse stinkt nach Sumpf, und die Gossen atmen einen Geruch aus, der zugleich an Blumenkohlwasser und Moorschlamm erinnert. Einige dieser Gässchen, deren Namen, noch deren Aussehen seit Jahrhunderten eine Veränderung erfahren haben, scheinen sich mit der Zeit doch gesäubert zu haben, so z. B. die Rue de Venise, deren unterer Teil früher Läden, die zugleich schmutzige, elende Wohnstätten und Schuppen waren, beherbergt hatte. Da konnte man z. B. im Halbdunkel ein Bett mit dem darunterstehenden Nachtgeschirr sehen und eine hundertjährige „Dame", die, auf einem Strohsessel sitzend, durch die Anstrengung, ein einladendes Lächeln zu zeigen, die Schminkschichte ihres Gesichtes in tiefe Falten zog. Heute sind diese Spelunken an Handelsleute der Hallen vermietet, die sie in Gemüse- und Obstspeicher umgewandelt haben; nun werden hier auf offener Strasse Kisten ausgepackt und Marktkörbe angefüllt.

Die höchst sonderbaren „Fensterguckerinnen", die diese Kaninchenställe bewohnten, sind nun in alle Nachbargassen zerstreut, ebenso wie die Juden, die hier gleichfalls Handel mit Abfällen treiben. Früher wimmelte es in diesem Sprengel, in dieser Judengasse, in der im XVI. Jahrhundert Frau Acarie wohnte, von Juden, die sogar in der Rue de la Tâcherie eine Synagoge hatten.

In einer der Gassen ihres Reservats, in der Rue des Billettes war es auch, wo sich 1290 das berühmte Wunder zutrug: eine aus Skt. Merry gestohlene Hostie wurde von dem Juden Jonathas mit Messerstichen durchbohrt und mit heissem Wasser abgebrüht; diese Hostie flatterte blutend durch den Raum und wurde von einem christlichen Weib aufgelesen, die sie dem Pfarrer der Kirche Saint-Jean-en-Grève brachte, wo diese Hostie Gegenstand von Wallfahrten wurde, welche durch die Revolution ihr Ende fanden.

Gegenwärtig werden noch ein Triduum und ein Sühnopfer für dies Sakrileg in der Kirche Skt. Johann und Franz, die heute die Kirche von Saint-Jean-en-Grève ersetzt, zelebriert; letztere wurde im Jahre 1800 niedergerissen, und eine ihrer Kapellen, die von oben bis unten neu hergerichtet worden war, bestand noch bis zum Brande des Jahres 1871 unter dem Namen „St. Johannessaal" in den Gebäuden des Hôtel de Ville fort.

Um auf Skt. Merry zurückzukommen, so hat seine Geistlichkeit, die nun besser daran ist als jene des Mittelalters, nichts mehr mit diesen unsauberen Frauenzimmern und Kupplern zu schaffen. Die Gassen dieses Pfarrsprengels waren das, was unsere Väter „heisse und übelberüchtigte Strassen" nannten, und endlose Prozesse wurden vom Domkapitel von Skt. Merry gegen die Hauswirte dieser Spelunken geführt. In seiner Geschichte von Paris führt Félibien einen vom 24. Februar 1388 datierten Erlass an, in dem der Vorsteher Johann von Folleville den Prostituierten befahl, die der Kirche nahegelegene Rue de Baillehoé zu räumen. Diese widersetzten sich aber, und der Magistrat war genötigt, Bogenschützen dahin zu senden, um sie mit Gewalt zu vertreiben und Maurer, um die Türen ihrer Häuser zu vermauern. Doch die Hauswirte strengten einen Prozess gegen den obersten Domherrn, den Pfarrverweser dieser Pfarre und die Kanonici vor dem Parlament an; sie gaben an, dass die Geistlichkeit nicht, wie sie behauptete, diese Gasse durchschreiten müsse, wenn sie das Allerheiligste zu Kranken trügen, dass der nächste Weg von der Kirche nach dem Stadtviertel vielmehr über die Hauptstrasse Saint-Merry und nicht durch das Baillehoégässchen führe.

Im Jahre 1424 gab das Parlament schliesslich dem Pfarrer recht, doch beharrten die Dirnen darum nicht minder darauf, in der Gasse zu wohnen. Von diesen Kämpfen ermüdet, rächte sich der Pfarrer an dem Inhaber einer solchen „Sündenbude", indem er ihn durch die Obrigkeit dazu verurteilen liess, eines Sonntags vor der Kirchentür dafür, dass er am Freitag Fleisch gegessen hatte, Busse zu tun; das Domkapitel erwirkte seinerseits, dass die Gasse ihres Namens beraubt und mit der benachbarten Rue Brisemiche verbunden werde, da das Volk dem Namen Baillehoé einen unzüchtigen Sinn unterlegte.

Übrigens liess man in dieser Pfarre in der Fastenfrage nicht mit sich spassen. Sauval erzählt tatsächlich von einer derartigen Strafe, die am 18. Juli 1535 über zwei desselben Vergehens beschuldigte Personen verhängt wurde; beide mussten sich vor der Tür besagter Kirche demütigen.

Andererseits führt eine Anmerkung Bournons, die der Geschichte des Abbé Lebeuf über die Diözese von Paris beigefügt ist, einen Parlamentsbeschluss aus dem Jahre 1366 an, der sich auf einen Jurisdiktionsstreit zwischen dem Gemeindevorsteher und den Domkapitularen bezieht, und dessen Ursache eine gewisse Kupplerin war, die „mit der Pelzhaube auf dem Kopfe, wie es Brauch ist, dreimal und drei Tage hindurch auf die Leiter gebracht wurde".

In dieser Pfarre bekämpften sich also im Mittelalter

Dirnen und Priester mit Zuhilfenahme von Gesetztexten.

Doch glaube ich, dass die Geistlichkeit sich untereinander noch schlimmer befehdete.

Dies ist auch erklärlich, denn fünf Jahrhunderte hindurch gab es in Skt. Merry zwei Pfarrer, die beide den Titel eines obersten Domherrn führten! Um das Jahr 1000 gab es ihrer sogar sieben, da die Kapitulare von Notre-Dame vom Bischof von Paris diese Pfarre zum Geschenk erhalten hatten.

Das Domkapitel der Notre-Damekirche entsandte daraufhin sieben seiner Kapitulare oder Benefizianten, die damit betraut wurden, der Reihe nach je eine Woche den Kirchendienst daselbst zu versehen. Im Jahre 1219 wurde infolge der Feigheit eines solchen Wochenpfarrers, der aus Furcht vor Ansteckung während der Choleraepidemie ein Pfarrkind ohne die Sterbesakramente sterben liess, beschlossen, nur einen einzigen Pfarrer mit der Ausübung der geistlichen Funktionen zu betrauen; dann gab man ihm zu seiner Entlastung einen zweiten Pfarrer bei. Jeder arbeitete nun abwechselnd immer eine Woche hindurch, und später gesellte man ihnen schliesslich Vikare zu.

Doch die vom Notre-Damekapitel eingesetzten Kapitulare regierten darum nicht minder in der Pfarre von Skt. Merry, und ihre Anwesenheit verdarb notwendigerweise alles. Sie hatten den Chor inne und sangen dort die Messe, und daraus ergab sich ein unvermeidlicher, sich täglich wiederholender Konflikt zwischen ihnen und der Hausgeistlichkeit, der der Eintritt in den Chor verboten war.

Das gab durch Jahre Nadelstichkämpfe. Als dann die jetzige Kirche im Bau war, kaufte die Kirchenverwaltung zur Vergrösserung der Apsis, die aus Raummangel sonst nicht hätte erweitert werden können, ein Gässchen, das von der Rue Saint-Bon nach der Rue Taillepain führte, an. Daraufhin erklärten die Domkapitulare sogleich den Krieg, indem sie behaupteten, dass dieses Gässchen ihr Eigentum sei.

Sie strengten hartnäckige und langwierige Prozesse gegen die Pfarrer und gegen die Kirchenverwaltung an, die erst 1789 ihr Ende fanden. Die Nationalversammlung einigte diese rechthaberische und ränkesüchtige Gesellschaft, indem sie die Kirche in eine Salpeterfabrik und späterhin in eine Handelshalle umwandelte.

Doch, wenn wir nochmals alle Jahrhunderte durchgehen und auf die Zeit des Mittelalters zurückkommen, müssen wir gerechterweise zugeben, dass wir da auch Besseres finden, als schwebende Streitigkeiten zwischen Dirnen und Kapitularen und Kapitularen und Priestern.

Im XIII. Jahrhundert besuchte ein Heiliger die Skt. Merrykirche; es war Skt. Eduard, der später Erzbischof von Canterbury wurde und damals in Paris Theologie studierte; er sang jede Nacht mit dem Kapitel die Frühmette und pflegte arme kranke Studenten; er verkaufte sogar sein Hemd, um ihnen Arzneien verschaffen zu können.

Im darauffolgenden Jahrhundert verweilte eine andere Himmelsbewohnerin, Guillemette von La Rochelle, ebenfalls in der Nähe dieser Kirche. König Karl V., dem ihr heiliges Leben bekannt war, und der ihre ekstatischen Offenbarungen bewunderte, wollte, dass sie sich in der Hauptstadt niederlasse und liess ihr ein „schönes Betzimmer aus Holz bei Skt. Merry" errichten. Sie lebte daselbst in Verzückungen, oftmals mehr als zwei Fuss hoch über dem Boden schwebend; man nimmt an, dass sie nach ihrem Tode in der Kirche beigesetzt wurde.

Derselbe König Karl V. gründete auch 1373 eine Laien-Brüderschaft in dieser Pfarre, deren Ziel die ganz besondere Verehrung der Gottesmutter war. Diese Andachtübungen wurden weiterhin fortgesetzt, und wir sehen noch zwei Jahrhunderte später, dass der geringste Verstoss, der gegen den Marienkultus begangen ward, allsogleich gesühnt wurde.

Lebeuf führt uns folgende Episode an, die er in den Parlamentsregistern des Jahres 1530 fand:

„Da Ausschreitungen gegen ein Bild der heiligen Jungfrau, das auf einem der Kirche nahegelegenen Hause gemalt ist, vorgekommen sind, hat das Parlament am 25. Mai angeordnet, dass die Geistlichkeit der Kirche sich in Prozession zu dem neugemalten Bilde zu begeben habe, um daselbst die Lobhymnen auf die Gottesmutter zu singen."

Wenn es in diesem Kirchspiel auch „Sündenbuden" für die Frauen gab, so gab es hier auch fromme Nonnenklöster mit ganz besonderen Klosterregeln, wie z. B. jenes der Guten Frauen von Saint-Avoye.

Dieses Haus war 1283 von Joh. Sequence, oberstem Domherrn von Skt. Merry und der Wittfrau Konstanze von Saint-Jacques begründet worden, um darin 40 arme Witwen von mindestens 50 Jahren aufzunehmen; es war an der Rue Saint-Avoye gelegen, die seither im Zuge der Rue du Temple aufgegangen ist.

Dieses Kloster war gewissermassen eine Vereinigung von Beguinen mit engeren und kleinlicheren Vorschriften und stellte ein Kompromiss zwischen einem Kloster und einer Beguinengemeinde dar.

Hier die Lebensweise, die in diesem kleinen Kloster geführt wurde:

„Im Sommer um 5 Uhr, im Winter um 6 Uhr aufstehen. Dann werden zuerst die Gebete für unsere liebe Frau, dann sieben Psalmen und Litaneien und andere Passionsgebete und solche an den Heiligen Geist gebetet; jene, die nicht lesen können, werden unterdessen drei Rosenkränze und andere kleine Gebete, die sie können, zu beten verhalten sein." Dann ging man zur Messe, und nachher, gebieten die Hausregeln, „habt ihr euch zu versammeln, um bei der Arbeit, bei jeglicher Beschäftigung und ehrlicher Betätigung, deren ihr fähig seid, zu helfen".

Während der gemeinschaftlich verrichteten Arbeiten wurde eine halbe Stunde lang irgendeine fromme Geschichte aus der Heiligen Schrift vorgelesen.

Um 10 Uhr wurde zu Mittag gegessen, worauf man sich 30 Minuten lang erholen konnte; dann ertönte das Glöckchen, und man nahm bis zur Abendmahlzeit, d. h. bis um 5 Uhr die Arbeit wieder auf. Um 9 Uhr wurde Feierabend geläutet. Die Leitung dieser Anstalt war den obersten Domherren von Skt. Merry anvertraut, die eine nach ihrem Belieben absetzbare Oberin und eine ganz besonders mit der Instandhaltung der Kapelle betraute Sekretärin ernannten.

Die Stiftung Saint-Avoye gedieh anfänglich, doch verfiel sie in der Folge. Im Jahre 1621 verzichteten die alten Weiblein auf ihre Vorrechte, schenkten ihr Haus den Ursulinerinnen aus der Rue Saint-Jacques und vereinigten sich unter Annahme ihrer Ordensregeln mit ihnen, erklärten sich jedoch damit einverstanden, weiterhin unter der Jurisdiktion des Pfarrers von Skt. Merry zu bleiben, dem sie alljährlich am Namenstage dieses Heiligen in der Kirche eine „einpfündige Wachskerze, an der ein Goldtaler befestigt war", als Opfergabe überreichten.

Die letzten Überreste dieses Klosters verschwanden 1838 gelegentlich des Durchbruches der Rue Rambuteau.

Zum Territorium von Skt. Merry gehörten nach Lebeufs Angaben noch die Kapelle und das Hospital von Skt. Julian von den Spielleuten, deren Fassade an der Rue Saint-Martin lag, und deren Schiff sich längs der Rue du Maure hinzog.

Diese wurden im XIV. Jahrhundert gegründet, um darin arme, in der Stadt in Not geratene Spielleute aufzunehmen und zu pflegen, und zwar geschah dies, wie uns du Breul in seinem „Théatre des Antiquités de Paris" erzählt, „durch zwei Musikanten, die einander sehr liebten und stets beisammen waren. Der eine stammte aus der Lombardei und hiess Jakob Grave von Pistoja, auch

Lappe genannt; der andere war aus Lothringen und hörte auf den Namen Huette, Aufpasser vom Königspalast.»

Beide Gebäude wurden Skt. Julian, dem Schutzpatron der Reisenden, und Skt. Genesius 5 gewidmet, der ein christlicher, unter Diokletian gemarterter Mime gewesen und Schutzpatron der Spielleute war.

Die im Jahre 1335 vollendete und geweihte Kapelle blieb stets eine sehr bescheidene Untertanin von Skt. Merry, denn die zu ihrem Dienste ernannten Kapläne durften ohne die Erlaubnis des Pfarrers des Sprengels keinerlei Sakramente spenden. Dieser Zustand dauerte so lange fort, bis der Erzbischof von Paris auf die dringenden Bitten Annas von Österreich hin sich entschloss, die Kapläne durch Väter vom Orden der christlichen Lehre zu ersetzen; aber die Spielleute hingen an ihren Priestern und wendeten sich gegen die Neuankömmlinge, gegen die sie eine Reihe von Prozessen anstrengten, die sie schliesslich auch gewannen. Doch bald mussten sie sich in einer viel bedrohlicheren Sache verteidigen. Als nämlich auf Befehl Ludwigs XVI. im Jahre 1781 die Sperrung des Friedhofes der Unschuldigen Kindlein, der den Pfarrkindern von Skt. Merry als letzte Ruhestätte diente, verfügt worden war, da wollten der Pfarrer und das Domkapitel dieser Kirche ihre Toten unter den Fliesen des Schiffes von Skt. Julian begraben lassen; durch allerlei Machenschaften gelang es ihnen auch, den König dazu zu bestimmen, die Kapelle für ihre Zwecke in ein Beinhaus umwandeln zu lassen.

Darüber geriet nun die Spielmannszunft ausser sich und wiegelte das ganze Stadtviertel auf, so dass angesichts des von allen Seiten ausbrechenden Aufruhrs das unglückselige Edikt zurückgezogen wurde.

So hatten die biederen Musikanten, die so treu an ihrer Kapelle hingen, diese nochmals gerettet, doch ihr Sieg war von kurzer Dauer, denn die Revolution trieb sie auseinander und eignete sich ihren Besitz an.

Dies ist in kurzen Worten die Lebensgeschichte von Skt. Julian, dessen Portal mit drei grossen Steinfiguren geschmückt war: Christus zwischen dem heiligen Julian und Genesius stehend; letzterer hielt eine Geige in der einen und einen Bogen in der anderen Hand. Zwölf kleine Statuen, die in den Bogenrundungen der Vorhalle untergebracht waren, vervollständigten die Ausschmückung. Die Statuetten stellten Beckenschläger, Dudelsackpfeifer, Schlangenhornbläser, Brummeisen-, Flöten-, Harfen-, Sistrum-, Lauten- und Spinettspieler dar.

All dies wurde in Bausch und Bogen verkauft und 1790 niedergerissen. Den Platz des Hospitals und seiner Kapelle nehmen heute die Häuser Nummer 164, 166, 168 der Rue Saint-Martin ein.

Was Skt. Merry anlangt, so mischt sich seine Geschichte in den auf das Mittelalter folgenden Epochen mit jener der anderen Stadviertel von Paris; sie weist jedenfalls keine besonders persönlichen Züge, die erwähnt zu werden verdienten, auf.

Wenn wir zur Erinnerung noch die nächtlichen Lärmszenen in der Taverne zum „Königsschwert" erwähnt haben, die, ehe sie unter der Regentschaft dem in Geldnöte geratenen Grafen von Horn [6] als Mördergrube diente, im XVII. Jahrhundert die Herberge der Schmutzpoeten und ein literarisches Kabarett im Geschmacke dieser Zeit gewesen war, müssen wir bis zum Monat Juni des Jahres 1832 und bis zum Februar 1848 weitergehen, um das neue und ganz eigenartige Gepräge zu erkennen, das diese Gassen annehmen.

Das Netz, das sie bildeten, war schon wegen seiner winkligen Enge leicht zu verteidigen, und die Aufständischen errichteten dort jene standhaften Barrikaden, deren Bestürmung V. Hugo auf wundervollen Seiten seiner „Miserables" verherrlicht hat.

Ebenso war es im Jahre 1871; die Kirche, das Presbyterium und besonders die Keller waren dank der Fürsorge des Herrn Gemeindekommissarius Froissard, auch Court-en-Cuisse genannt, ausgeplündert worden. Der Gottesdienst war unterbrochen; da, am 24. Mai, als der Aufstand schon so ziemlich niedergeworfen war, drangen die Föderierten und die Rächer von Flourens wutberauscht und weintoll in die Kirche ein. Sie beschlossen, das Schiff in Brand zu stecken; um die Kirche zu retten, brachten die Bewohner die verwundeten Nationalgardisten, die sich in den benachbarten Häusern in Pflege befanden, dahin. Die Rotte hörte aber dessenungeachtet nicht auf, die Wände mit Petroleum zu tränken und war gerade im Begriff, den Brand zu legen, als ein Bataillon des 20. Jägerregiments im Laufschritt ankam und die Mehrzahl der Unholde niedermachte.

Die Skt. Merrykirche hatte übrigens wenig Schaden gelitten und wurde bald wieder in den Stand gesetzt, in dem sie sich gegenwärtig noch befindet. Sie ist, um die Wahrheit zu sagen, während der Woche recht menschenleer, kaum, dass ein paar Nonnen und ein paar biedere Frauen kommen, um vor dem Altar ihren Rosenkranz zu beten.

Man könnte glauben, dass es hier keine Frömmigkeit gibt; dem ist aber doch nicht so.

Dieses Pfarrspiel hat ein heimliches religiöses Leben bewahrt, dessen Entfaltung man des Sonntags wahrnehmen kann; es ist heute eines der ganz wenigen von Paris, das noch eine Laienbruderschaft besitzt, und zwar ist diese eines der wertvollsten Überbleibsel des gallikanisch-katholischen Kults: die Vereinigung der Clerks von Saint-Merry.

Der Abbé Baloche versetzt in einer hochinteressanten Broschüre über diese Bruderschaft das Entstehen der Vereinigung mangels früherer Dokumente in die letzten Jahre des XVII. Jahrhunderts; tatsächlich geht sie aber auf die frühesten Zeiten der christlichen Ära zurück; sie gehört sogar zu den Einrichtungen der frühchristlichen Kirche, da unter der Leitung von Presbytern und Diakonen die Gläubigen noch tätigen Anteil am Kult hatten, indem sie zum internen Dienst der Synaxe beitrugen, den Kranken die letzte Wegzehrung brachten, sich selbst bei sich zu

Hause das Abendmahl erteilten und im Verein mit der Geistlichkeit die Bischöfe wählten. Später, im XII. Jahrhundert, finden wir sie mit Erlaubnis von Rom in den Kirchen predigend wieder und bis zum XVI. Jahrhundert, wenn der Priester fehlte, den Sterbenden die Beichte abnehmend.

Und dieses Amt war obligatorisch. Im Falle der Not muss man, wenn kein Priester da ist, seinem Nächsten seine Sünden eingestehen, sagt Skt. Bonaventura in der achten Predigt über die Kreuzwoche; Skt. Thomas von Aquino sagt seinerseits, dass eine unter diesen Umständen abgelegte Beichte „in gewisser Weise sakramental" sei, obwohl es unmöglich sei, das Sakrament vollkommen zu machen, infolge der Abwesenheit des Priesters, der allein die vergebende Macht des Sündenerlasses besitzt.

Kurz, die Laien versahen damals alle Funktionen, die, um Gültigkeit zu haben, nicht unbedingt priesterlicher Beihilfe bedurften.

Sie machten von diesen Vorrechten so ausgiebigen Gebrauch, dass die römischen Pontifexe ihre Herrschsucht bezwangen und geruhten, die schlichten Christen, nicht, wie sie es heute tun, nach den Worten des heiligen Paulus als den „Kehricht dieser Welt" zu betrachten. Doch nach und nach wurde das Volk durch den Einfluss der hohen Geistlichkeit vom Gottesdienst ausgeschaltet. Nur in den Ländern, die einen vom römischen Ritus verschiedenen Kult beobachteten, konnten die Gläubigen ihrer jahrhundertealten Rechte nicht beraubt werden;

sonst wurden sie überall zu stummen Zeugen, zu blossen Anwesenden herabgedrückt.

Dieser, den Evangelien nicht entsprechende Zustand war in Frankreich der ewigen Servilität der Bischöfe zuzuschreiben. Ausser jenem von Lyon setzten sie alle, ohne dazu gezwungen und lediglich, um Pius IX. angenehm zu sein, die alte gallische Liturgie ab und nahmen zugleich mit dem Ritus auch das so wenig abwechslungsreiche, trockene, kalte, selbst im überprüften Texte seiner Sequenzen so verfälschte, römische Brevier an.

Auf ihren Befehl wurde aus den Chorgesangbüchern die mystische Flora, die darin vor uralten Zeiten gepflanzt worden war, ausgerottet; man riss, um sie auf den Misthaufen der Vergessenheit zu werfen, jene wundervollen Blumensträusse aus, in denen an hohen Festtagen die ingeniösen Hymnen des Hilarius von Poitiers[7], des Prudentius und Fortunatus[8], die herrlichen Prosen des Adam von Saint-Victor und die wunderbaren Responsorien prangten, in denen Fulbert von Chartres[9] die Geburt Christi feierte.

Der spiessbürgerliche Garten wurde nun verehrt, die liturgischen Geranien siegten auf der ganzen Linie! Wie ich schon früher einmal im „*Oblat*" erzählt habe, zerstörten damals die französischen Prälaten das Werk der eingeborenen Künstler und verbrannten so gewissermassen ihre eigenen Vorläufer. Es ist zweifellos, dass den gallikanischen Brevieren, besonders dem Pariser, eine Umarbeitung not täte. Dom Guéranger hat seine Fehler, ja sogar seinen Mangel an Frömmigkeit, sehr richtig hervorgehoben: Tatsächlich roch das Pariser Brevier, nachdem es von Erzbischöfen wie Harlay, Noailles und Ventimiglia bearbeitet und umgearbeitet worden war, schon von weitem nach Jansenismus; es war für die „Appellanten" viel besser geeignet als für die Katholiken.

Doch dies war kein Grund, um jenes von Rom anzunehmen, das nur ein Passepartout ist, das weder den Überlieferungen und Bräuchen, noch der Verschiedenheit der Andachtsübungen in den einzelnen Diözesen Rechnung trägt; man hätte das Pariser Brevier wiederherstellen müssen, wie es im Mittelalter gewesen war, ehe die Schulfüchse des XVII. und XVIII. Jahrhunderts es in der Arbeit gehabt hatten.

Doch geschah dies nicht, und natürlich teilte das Kirchenzeremoniell das Schicksal des Breviers, dessen Ergänzung es ja bildet. Die Unterdrückung des gallikanischen Breviers bedeutete zugleich auch das Ende seines bilderreichen Ritus und die Zurückweisung jener Laienliturgen, die man damals als „Chorrockträger und Unberechtigte" bezeichnete. Sie verschwanden, und der priesterliche Hochmut, dem kein Priester, sei er auch noch so gut, sich entziehen kann, kam dadurch auf seine Rechnung.

Wie können wir uns nun erklären, dass Skt. Merry Überreste eines verjährten Rituals bewahren konnte, das übrigens auch noch eine Zeitlang, doch in verschwommenerer Weise, in anderen Kirchen derselben Erzdiakonei wie z. B. in Saint-Nicolas-des-Champs und Sainte-Elisabeth fortlebte? Ich weiss es nicht. Skt. Merry muss ehemals zweifellos, so wie Saint-Thomas d'Aquin, wo es zwar keine „Chorrockträger“ mehr gibt, wo aber immer noch während der Karwoche die alte Prose des Pariser Breviers „*Languentibus in purgatorio*“ gesungen wird, einen Pfarrer gehabt haben, der, von den gallikanischen Lehren begeistert, durch die Macht seiner Persönlichkeit einige Überreste von den in seiner Kirche althergebrachten Bräuchen rettete.

Im Wunsche, keine Neuerungen einzuführen, aus Furcht, das Missfallen der Pfarrkinder zu erwecken, vielleicht auch aus Unwissenheit, liessen ihre Nachfolger die Dinge, so wie sie waren, und dies kommt uns zustatten.

Doch worin besteht eigentlich in ihrer Kirche das Amt der Laienpriester von Skt. Merry? Sie versehen den Dienst von Messgehilfen, Rauchfassträgern und Zeremonienmeistern; sie erfüllen während des Hochamts die Funktion von Ehrendiakonen; sie tragen also den Chorrock und sind im Chor, wenn sie nicht beim Gottesdienst beschäftigt sind, mit der zinnoberroten Soutane und dem langen weissen Messhemd mit kirschrotem Gurt bekleidet.

Ihren Statuten gemäss ist es ihr Zweck, „zur Ehre Gottes und zum Prunk des Gottesdienstes I. durch die pünktliche Teilnahme am Gottesdienste, II. durch gute Haltung, Andacht und Frömmigkeit im Chor“ beizutragen.

Und Artikel III. schreibt vor: „Die Laienpriester verpflichten sich, alle Kirchendienste, zu denen sie vom Zeremonienmeister aufgefordert werden, nach besten Kräften zu versehen.“

Sie entledigen sich ihrer Aufgabe mit Gewissenhaftigkeit, und man kann wirklich sagen, dass ihre Gegenwart in Skt. Merry ein wahres Stimulans des frommen Eifers und ein Trost ist.

Da ich mich selbst über die Art und Weise, in der sie den Gottesdienst versehen, vergewissern wollte, ging ich am Fronleichnamstage zum Hochamt; ich kam, ich muss es gestehen, voreingenommen hin; ich dachte, dass Männer mit Schnurrbärten, die wie Chorknaben gekleidet und mit kirchlichem Zierat angetan sind, sehr lächerlich wirken müssten. Doch ich hatte mich geirrt; diese Leute, die nicht im mindesten die scheinheiligen Gesichter von Betbrüdern hatten, trugen ihre Tracht ungezwungen, und, mit ihren Geschäften wohlvertraut, bewegten sie sich mit einer zugleich männlichen und rührenden Inbrunst.

Bei der Weihwasserbesprengung durchschritt der Priester, den Weihwedel in der Hand, das ganze Kirchenschiff; die beiden „Chorrockträger", die, um seinen Armen Bewegungsfreiheit zu ermöglichen, seine Dalmatika trugen, waren zwei Laienpriester der Vereinigung; der eine, ein Sechziger, hatte ein intelligentes, gutmütiges Gesicht mit etwas verdickten, schwerfällig gewordenen Zügen und grauem Schnurrbart; der andere, der jünger und sehr gross war, glich mit seinen in Locken über die Stirn herabwallenden Haaren, seiner gebogenen Nase und dem rötlichen Schnurrbart einem jener deutschen Reiter, die zur Zeit der Renaissance in französischem Solde standen. Mit weiten, goldenen Chorröcken bekleidet, bewegten sie sich ganz ungezwungen und ohne jede Pose in dem durch Sesselreihen verengten Gang, bemüht, dem Priester jedes Hindernis aus dem Wege zu räumen. Dann, als die Messe begann, nahmen sie hinter dem geistlichen Diakon und Unterdiakon Aufstellung und erfüllten ihre Aufgabe als Liturgen mit einer Genauigkeit und einem Respekt, die in anderen Kirchen gewissen Mitgliedern des Klerus fremd sind.

Und dies Hochamt war wirklich lobenswert; es wurde der Introitus, das Kyrie eleison, das Gloria, das Lauda Sion, das Kredo, das Sanktus und Agnus Dei vom Chor gesungen; leider wurde auch hier, wie in den meisten Pariser Kirchen das Graduale, das Offertorium und die Kommunion, die schwieriger zu singen sind, unterschlagen; doch gab es keine modernen, musikalischen Donnersalven, dafür sei dem Chormeister und dem Pfarrer Dank gesagt!

Wie weit fort von Paris konnte man sich wähnen in dieser alten Kirche der Rue Saint-Martin, die kleine Handelsleute füllten, deren Frömmigkeit wahrhaftig und schlicht war!

Wären die Zeiten für die Kirche Frankreichs weniger schwer, man wünschte, dass Brüderschaften, wie jene der Laienpriester von Skt. Merry in jedem Pfarrspiel gegründet würden, um die Feierlichkeit der kirchlichen Handlungen zu heben, und um das Volk zu gewinnen, indem man ihm gestattet, tätigen Anteil zu nehmen an den Gottesdiensten. Doch hatten die Laienpriester von

Skt. Merry auch in günstigeren Zeiten Mühe genug, sich ihre Stellung zu wahren, denn 1900 hatte der Erzdiakon von Notre-Dame, dessen Gewalt Skt. Merry untersteht, beschlossen, sie abzuschaffen.

Dieser dachte wohl wie seine Mitbrüder, dass die Laien nichts weiter als eine, in den Stall des Kirchenschiffes zusammengepferchte Schafherde, sein könnten.

Sie wurden durch den Tod dieses Herrn, der starb, ehe er seinen Plan ins Werk setzen konnte, gerettet. Und am 26. November 1905 feierten die Laienpriester in ihrer Kirche durch eine grossartige Zeremonie ihre Hundertjahrfeier, nicht das Zentenarium ihrer Begründung, deren Zeitpunkt unbekannt ist, aber jenes ihrer Wiedereinrichtung, die im Jahre 1805 durch den Pfarrer Fabrègue bewerkstelligt worden war.

DREI PRIMITIVE

GRÜNEWALDS WERKE IM MUSEUM ZU KOLMAR, DER MEISTER VON FLÉMALLE UND DIE FLORENTINERIN DES STÄDELSCHEN MUSEUMS ZU FRANKFURT A. M.

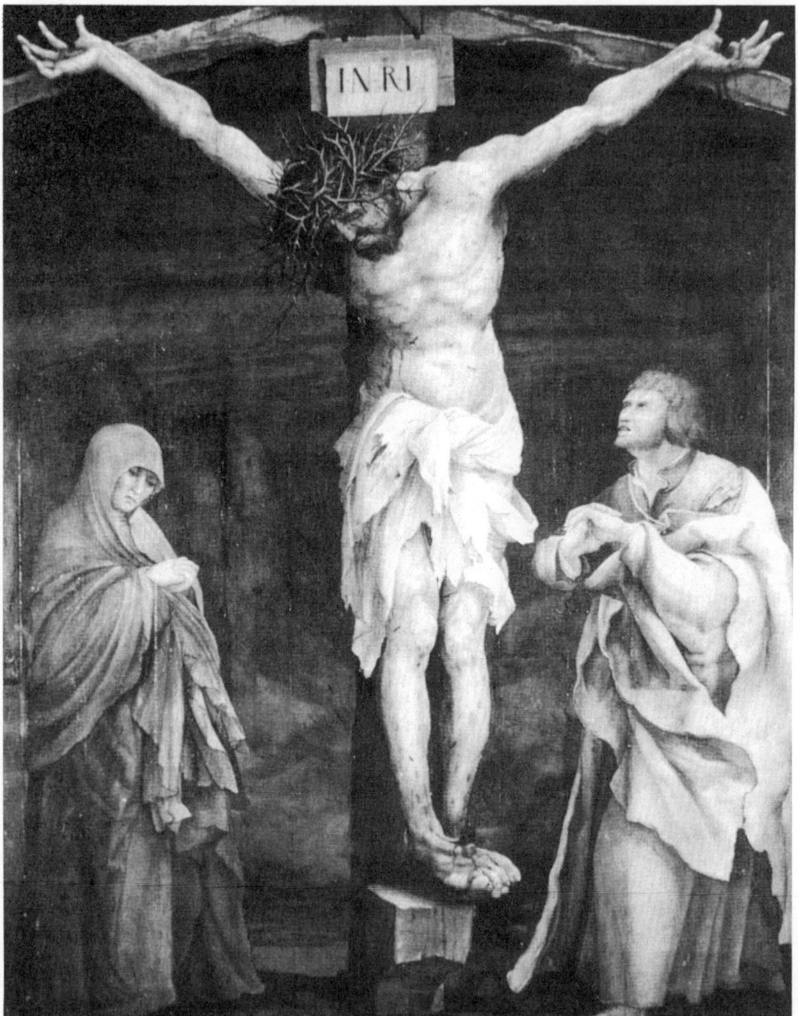

Grünewald: Tafel vom ‚Tauberbischofsheimer Altar'

GRÜNEWALDS WERKE IM MUSEUM ZU KOLMAR

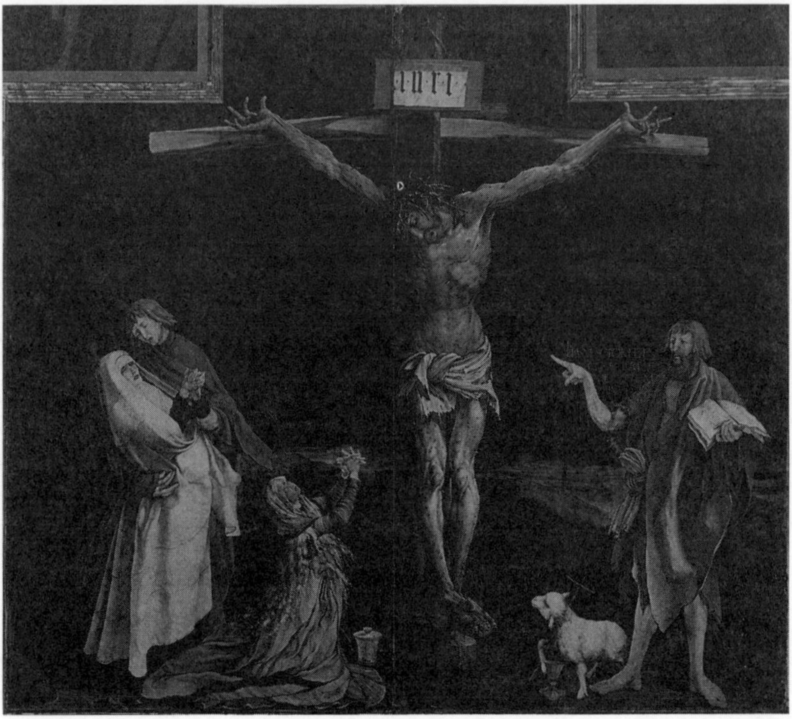

Kreuzigung Christi
Grünewald: Isenheimer Altar

GRÜNEWALDS WERKE IM MUSEUM ZU KOLMAR

Matthias Grünewald aus Aschaffenburg, der Maler der „Kreuzigung" des Kasseler Museums, die ich in „*La Bas*" beschrieben habe, und die nun im Besitze des Museums von Karlsruhe ist, hat mich seit einer Reihe von Jahren beschäftigt. Wo kam er her, wie lebte er, wo und wie starb er? Niemand kann es genau angeben, selbst sein Name wurde ihm nicht ohne weiteres zuerkannt; es fehlt an Dokumenten, und die Bilder, die ihm nun zugesprochen werden, wurden zuvor bald Albrecht Dürer, bald Martin Schongauer, bald Hans Baldung Grien zugeschrieben, und jene, die er keinesfalls gemalt, tragen in gar manchen Sammlungs- und Museumskatalogen seinen Namen!

Um die Wahrheit zu gestehen, beruht der einzige Beweis, der uns gestattet, ihm die Vaterschaft der Tafeln, von denen hier die Rede sein soll, ja sogar die aller anderen Werke, die man ihm zuschreibt, zuzuerkennen, auf einem schlichten Hinweise Joachim Sandrarts, des Malers und Biographen des XVII. Jahrhunderts; dieser erzählt nämlich, es habe sich zu seiner Zeit in Isenheim ein Gemälde des Matthias Grünewald befunden, das den heiligen Antonius mit Teufelsgestalten hinter einem Fenster darstellte. Nun stimmt diese Beschreibung mit einem Flügel eines aus dem Kloster zu Isenheim stammenden Polyptychons, welches gegenwärtig im Museum von Kolmar ausgestellt ist, überein.

Der Beweis der Autorschaft scheint demnach erbracht, und sobald man weiss, dass Grünewald einen Flügel des Polyptychons gemalt hat, ist es ein leichtes, zu dem Schlusse und zur Gewissheit zu gelangen, dass Grünewald der Schöpfer des Ganzen ist, da andererseits festgestellt wurde, dass alle Teile von ein und demselben Meister herrühren.

Es bliebe nun noch übrig, in entscheidender Weise festzustellen, ob der Flügel in Kolmar auch tatsächlich jener aus Isenheim ist, denn wäre dies nicht der Fall, wäre allerdings alles wieder in Frage gestellt, doch kann man sagen, dass in Ermangelung einer völligen Gewissheit, die sich unmöglich verbürgen lässt, die Vermutungen tatsächlich stark genug sind, dass man versichern kann, die beiden Werke seien identisch.

Die ganz eigenartige Anordnung des Vorwurfes mit einem Teufel in einem Fenster findet sich tatsächlich auf keiner Antoniusdarstellung von Grünewalds Zeitgenossen wieder. Man kann im übrigen eine andere, im gleichen Saale hängende Darstellung dieses Heiligen zum Vergleich heranziehen, die von Schongauer in der traditionellen Weise der Zeit, in der die beiden Künstler lebten, behandelt wurde.

Nachdem dies gesagt ist, können wenige, mehr oder minder zuverlässige Zeilen das fassen, was uns vom Leben dieses Mannes bekannt ist.

Waagen sagt, Grünewald sei zu Ende des XV. Jahrhunderts in Frankfurt geboren, während Goutzwiller, der Ansicht Malpes folgend, meint, er sei um das Jahr 1450 zu Aschaffenburg, dessen Namen später dem seinigen hinzugefügt wurde, geboren worden. Nach Passavant lebte er im Jahre 1529 noch, und wenn wir Waagen Glauben schenken wollen, so starb er im Jahre 1530. Schliesslich berichtet Sandrart, den Verhaeren in einer interessanten Studie zitiert, dass Grünewald hauptsächlich in Mainz gelebt habe, wo er trauriger Familienverhältnisse wegen ein einsames, schwermütiges Leben geführt hat. Schlusspunkt — dies ist alles, was wir wissen.

Von allen diesen Mitteilungen, die zweifellos auch angefochten werden könnten, spricht nur eine einzige, jene Sandrarts zu uns; seine Darstellung ermöglicht es wenigstens, uns diesen Maler, diesen stürmischsten aller Künstler, vorzustellen, wie er kümmerlich sein Dasein fristete, abseits und zurückgezogen, ähnlich wie später Rembrandt in einem Vorstadtwinkel lebte, ganz dem wahnwitzigen Spuk seiner Schöpfungen hingegeben, um in ihnen seine Sorgen und Kränkungen zu vergessen.

Zu all seinen häuslichen Kümmernissen mag sich auch noch der Schmerz über seinen geringen Ruf und den mangelnden Ruhm gesellt haben. Wir finden seinen Namen in der Tat nirgends unter denen seiner berühmten Zeitgenossen angeführt. Alle Welt kennt die Namen Dürer, Cranach, Baldung Grien, Schongauer, Holbein, und vor wenigen Jahren hatte man noch keine Ahnung von seiner Existenz. Ist er zu seinen Lebzeiten bekannter gewesen? Man kann es bezweifeln. Sein Ruhm, wenn er solchen besass, ist nie über die Grenzen des Franken- und Schwabenlandes hinausgedrungen; während seine Zeitgenossen wie Dürer, die Cranachs und Holbein von Kaisern und Königen umschmeichelt wurden, erhielt Grünewald nicht einen einzigen höfischen Auftrag — zum mindesten ist heute keine Spur eines solchen zu finden. Er fand nur in seinem eigenen Lande Beschäftigung und Ansehen. Er war Gaumaler, ein Kirchspielkünstler, der nur für die Kirchen und Klöster seiner Umgegend arbeitete. Wir finden ihn in Frankfurt, Eisenach und Aschaffenburg, wohin ihn nach Waagen der Erzbischof Albrecht von Mainz berufen haben soll; ich halte es auch für fraglos, dass er sich im Kloster von Isenheim aufgehalten hat; gewisse Einzelheiten seiner Altarblätter, die, wie man weiss, in den Jahren 1493—1516 unter der Aufsicht des Abtes Guersi, der sie bei ihm bestellt hatte, entstanden waren, beweisen dies.

Doch finden wir heute Grünewalds Werke weder in Frankfurt, noch in Mainz, noch in Aschaffenburg, noch in Eisenach oder Isenheim, dessen Kloster nun verödet und tot ist, sondern in Kolmar, wo sich uns der Meister in einem herrlichen, aus neun Teilen bestehenden Polyptychon offenbart.

Dort, im alten Kloster Unterlinden reckt er sich gleich beim Eintritt wild entgegen und betäubt uns sogleich durch den entsetzlichen Nachtmahr einer Kreuzigung; sie wirkt wie der Orkan einer entfesselten Kunst, der vorbeistürmt und uns mit sich reisst, und man bedarf einiger Minuten, um sich wieder zu fassen, um den Eindruck kläglichen Grauens zu überwinden, den dieser riesenhafte Gekreuzigte in uns erweckt, der da im Mittelschiff der alten Kirche, die nun als Museum dient, aufgerichtet ist.

Die Szene ist folgendermassen angeordnet:

Die Mitte der Bildfläche nimmt ein riesenhafter Christus ein, der, an den anderen Gestalten gemessen, weit über ihre Proportionen hinausgeht; er ist an einen schlecht abgerindeten Baumstamm geschlagen, dessen frisches, helles Holz stellenweise sichtbar wird. Der Querpfahl, an dem die Hände festgenagelt sind, wird durch die Schwere des Körpers herabgezogen und bildet, wie auf dem Karlsruher Kreuzigungsbilde, die Kurve eines gespannten Bogens; der Körper ist auf beiden Bildern ähnlich: fahl und glänzend, mit Blut bespritzt und von den Rutenspitzen, die in den klaffenden Wunden hängengeblieben, zerfetzt und rissig wie eine Kastanienschale. An den übermässig langen Armen zucken die Hände konvulsivisch und greifen in die Luft; die aneinandergepressten Kniegelenke stehen einwärts, und die durch einen Nagel übereinandergeschlagenen Füsse bilden nur noch einen verworrenen Knäuel von Muskeln, auf dem das verfärbte Fleisch und die schon blaugewordenen Fussnägel zu verwesen beginnen. Von einer gigantischen Dornenkrone beschwert, fällt das Haupt auf die aufgedunsene, sackförmige Brust, auf der die Rippen sich wie Streifen abzeichnen, herab. Dieser Gekreuzigte wäre eine getreue Wiederholung des Karlsruher Bildes, wäre der Gesichtsausdruck nicht ein anderer. Christus hat hier in der Tat nicht mehr jenen fürchterlichen, von der Todesstarre geöffneten Mund, der Kiefer ist nicht verkrampft, sondern hängt schlaff herab, und die Lippen geifern. Dieser Christus wirkt weniger furchtbar, doch menschlich-niedriger, toter. Die entsetzliche Verkrampfung der Kinnbacken, das Mark und Bein erschütternde Lachen rettete auf dem Karlsruher Bild die Brutalität der Züge, die hier durch die entstellende Erschlaffung des Mundes hervortritt. Der Gottessohn von Kolmar ist nichts anderes als ein gepfählter Schächer.

Doch dies sind nicht die einzigen Unterschiede, die man an den beiden Bildern wahrnehmen kann; auch die Gruppierung der Gestalten ist hier nicht dieselbe. In Karlsruhe steht, wie überall, die Madonna an einer Seite des Kreuzes und Johannes an der anderen, während hier diese gewohnte Anordnung gänzlich umgestürzt erscheint. Grünewald, dieser verblüffende Visionär, offenbart sich uns in seiner gleichzeitig wilden, illusionären, theologischen und barbarischen Weise, die ihn jedenfalls von den alten Malern religiöser Stoffe trennt.

Zur Rechten des Kreuzes stehen drei Gestalten: die Madonna, der heilige Johannes und Magdalena. Der heilige Johannes, ein ältlicher deutscher Student mit verlebtem, fahlen Gesicht, mit gelben Haaren, die in langen trockenen Strähnen auf sein rotes Gewand herabfallen, stützt eine aussergewöhnliche Gottesmutter, die weiss gekleidet und weiss verschleiert, leichenblass, mit geschlossenen Augen, halboffenem Munde, der die Zähne sehen lässt, ohnmächtig hinsinkt; ihr Gesicht ist zart und fein, ganz modern. Wäre nicht das mattgrüne Unterkleid an den Händen, deren Finger sich zusammenkrampfen, sichtbar, könnte man sie für eine eben gestorbene Nonne halten; sie ist erbarmungswürdig und entzückend, jung und wahrhaft schön. Vor ihr, die Arme zum Kreuz erhoben, die gefalteten Hände Christus entgegenstreckend, liegt eine kleine Frauengestalt auf den Knien. Dies blonde, halbwüchsige Mädchen mit dem früh gealterten Gesicht, das in ein rosenfarbenes, myrtengrün gefüttertes Gewand gekleidet ist, ist Magdalena. Ihr Gesicht ist unterhalb der Augen, quer über dem Nasenbein von einem Schleier bedeckt; sie ist hässlich, ihre Glieder sind verrenkt, doch sie ist so wahrhaft verzweifelt, dass sie uns ans Herz greift und uns erschüttert.

Auf der anderen Seite des Bildes steht eine grosse, seltsame Gestalt mit rotblonder Perücke, die auf der Stirn gerade geschnitten ist; die Augen sind hell, der Bart struppig, Beine, Füsse und Arme nackt. In der einen Hand hält sie ein aufgeschlagenes Buch, während die andere auf Christus hinweist.

Dieser fränkische Landsknecht, dessen Kamelhaarschurz unter seinem Gürtel mit gebauschtem Knoten sichtbar wird, und der einen in breite Falten drapierten Mantel trägt, ist Johannes der Täufer. Er ist auferstanden, und um die dogmatische, eindringliche Gebärde seines langen, zurückgebogenen Zeigefingers zu erläutern, stehen folgende Worte in roten Lettern neben seinem Arm: *Illum oportet crescere, me autem minui.* „Es tut not, dass er wachse und ich kleiner werde."

Er, der tatsächlich durch den Messias „verkleinert" wurde, der starb, um ihm die Vorherrschaft in der Welt des Wortes zu sichern, er steht lebendig vor uns, während jener, der lebte, als er schon gestorben war, tot ist. Es scheint, als solle er hier durch seine Wiederfleischwerdung den Triumph der Auferstehung im voraus versinnbildlichen, und nachdem er zuerst vor seiner Geburt auf Erden das Geborenwerden Jesu vorausgesagt hatte, kündet er nun, da er im Himmel geboren ist, sein Osterfest an. Er ist wiedererstanden, um die Erfüllung seiner Prophezeiungen zu bezeugen, um die Wahrheit der Heiligen Schriften zu offenbaren; er ist wiedergekehrt, um gewissermassen die Richtigkeit seiner Worte zu erhärten, die später der andere heilige Johannes in seinem Evangelium verzeichnen wird, dessen Platz zur Linken des Kreuzes er hier einnimmt, und der ihn nicht hört, ja nicht einmal sieht, so sehr ist er mit der Mutter beschäftigt, so erfüllt, so erstarrt und gelähmt ist er vor Schmerz über dies namenlose Leid.

Er allein, der Zeuge dessen, was war und was sein wird,

steht mit gestrafften Lenden da, inmitten der Schmerzensausbrüche und der schrecklichen Krämpfe des Opfers, ohne zu weinen, ja ohne zu leiden, er bezeugt unbeweglich und verkündet entschlossen, und das Gotteslamm, das er einst getauft, liegt ihm zu Füssen und trägt ein Kreuz, während aus seiner wunden Brust ein Blutstrahl sich in einen Kelch ergiesst.

Dies die Anordnung der Gestalten, die sich vom bereits dämmerigen Abendhimmel abheben; hinter der Richtstätte, die am Rande eines Flusses liegt, fliesst ein schwermütiger Strom dahin, dessen eilendes Wasser trotzdem die Färbung toter Gewässer zeigt. Die etwas theatralische Aufmachung des Dramas erscheint gerechtfertigt, so sehr stimmt dieser Schreckensplatz mit der Dämmerung, die schon keine Dämmerung mehr ist, mit dieser Nacht, die noch keine Nacht ist, überein. Unser Blick wird unwillkürlich von den dennoch dunklen und finsteren Tönen des Hintergrundes abgestossen, er irrt von dem glasartigen Körper des Gekreuzigten, dessen Riesengrösse ihn nun nicht mehr fesselt, ab, um auf dem blendendweissen Mantel der Madonna, der durch die Zinnobertöne der Gewandung des Apostels zum Nachteile der übrigen Gestalten noch hervorgehoben wird, haften zu bleiben, wodurch Maria beinahe zur Hauptperson des ganzen Werkes wird.

Dies wäre wohl ein Fehler des Bildes, würde nicht das stark gegen die rechtsseitige Gruppe hinneigende Gleichgewicht, durch die unerwartete Geste des Vorläufers, die

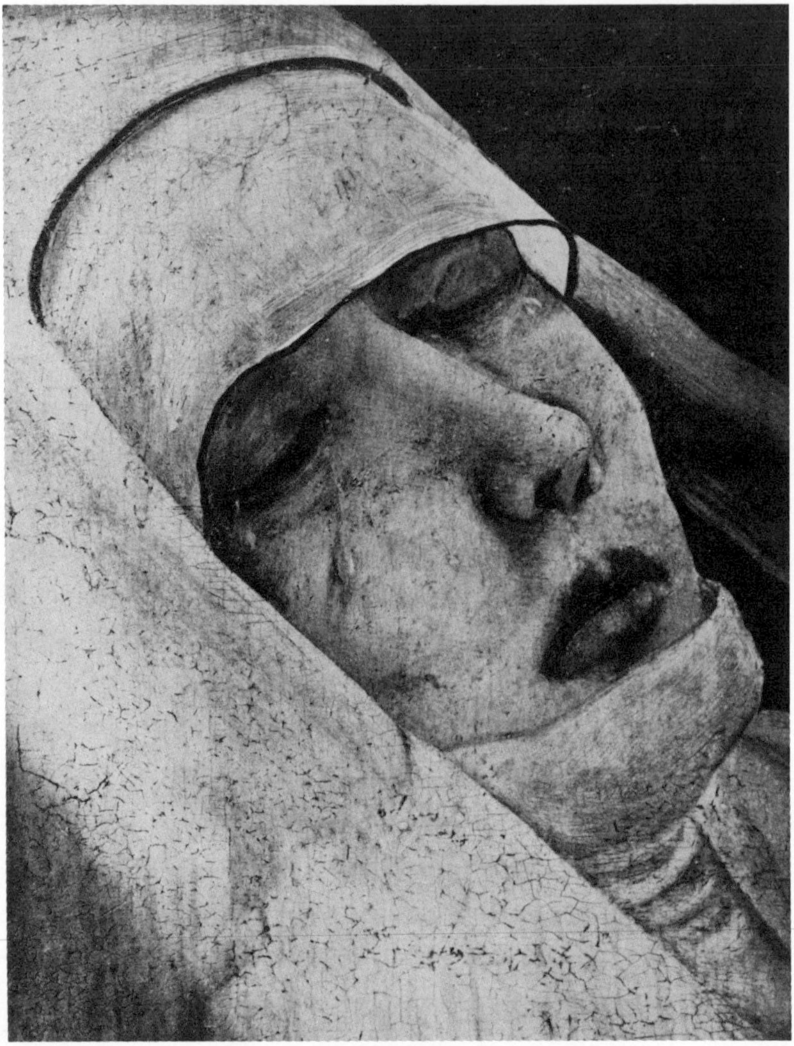

Gesicht Marias
Grünewald: Isenheimer Altar (Ausschnitt)

uns ihrerseits fesselt, wiederhergestellt, dennoch fortbestehen, eben durch die Richtung, die er dem Blicke auf den Gottessohn weist.

Man geht, wenn ich so sagen darf, bei der Besichtigung dieser Kreuzigung von rechts nach links, um zum Mittelpunkte zu gelangen.

Diese Wirkung ist sicherlich eine gewollte, wie auch jene, die durch die Disproportion der Gestalten hervorgerufen wird, denn Grünewald weiss sehr wohl abzuwägen und wahrt in seinen anderen Bildern das Mass.

Indem er die Grösse seiner Christusgestalt übertrieb, hat er versucht, die Einbildungskraft durch die Vorstellung tiefsten Schmerzes und grosser Kraft zu fesseln; er hat sie auch packender gestaltet, um sie dennoch im Vordergrunde festzuhalten und zu verhindern, dass sie durch den grossen weissen Fleck der Madonnengestalt gänzlich in den Halbschatten versinke.

Wir begreifen, warum er diese Madonna ins volle Licht gerückt hat; man versteht seine Vorliebe für sie; denn noch nie war es ihm gelungen, eine so göttlich-schöne, so übermenschlich leidende Mutter zu schaffen. Tatsache ist, dass sie uns in dem rauhen, unerfreulichen Werke dieses Mannes verblüfft.

Sie steht nämlich auch in auffallendstem Gegensatz zu den übrigen Typen, die der Künstler, um Gott und seine Heiligen darzustellen, gewählt hat.

Jesus ist ein Schächer, Johannes ein ausgestossener, herabgekommener Mensch und der Vorläufer Christi ein

Landsknecht; wenn wir auch annehmen, dass sie nur deutsche Bauern sind, so ist doch die Madonna gänzlich verschiedener Abstammung: sie ist eine Königin, die ins Kloster ging, eine wunderbare Orchidee, die der Flora eines unbekannten, unbestimmbaren Bodens entspross.

Wer die beiden Bilder von Karlsruhe und Kolmar gesehen hat, wird die Eindrücke ziemlich klar auseinanderhalten können. Die Karlsruher Kreuzigung ist überlegter, sicherer, der Eindruck der Hauptfigur wird hier nicht zugunsten der Umgebung gefährdet; sie ist auch weniger trivial und viel schrecklicher. Vergleicht man den schauerlich geöffneten Mund dieses Christus und die vielleicht plebejischere, doch weniger herabgekommene Physiognomie seines heiligen Johannes mit der Schlafsucht des Kolmarer Christus und der alten Landstreicherfratze des Jüngers, dann erscheint uns das Karlsruher Bild weniger mutmasslich, packender und lebendiger, und in seiner scheinbaren Schlichtheit kraftvoller, doch hat es nicht die köstliche weisse Jungfrau, und es ist konventioneller, weniger unerwartet, weniger neu. Die Kolmarer Kreuzigung führt ein neues Element in eine Szene ein, die in unveränderter Weise von allen Malern behandelt wurde; sie entwindet sich dem Model, verachtet das Hergebrachte, sie wirkt gebietender auf unser Denken, sie ist tiefgründiger; doch müssen wir zugeben, dass die Einführung des Vorläufers in die Tragödie von Golgatha eher der Gedanke eines Theologen und Mystikers, als der eines Malers ist. Es ist sehr leicht möglich, dass dies auf das Zusammenwirken des Künstlers mit dem Besteller zurückzuführen ist, und dass die Bestellung bis ins kleinste Detail durch Guido Guersi, den Abt des Klosters zu Isenheim, in dessen Kirche das Bild aufgestellt werden sollte, festgesetzt worden ist.

So geschah es ja noch lange nach dem Mittelalter. Alle Archivnachrichten stellen fest, dass bei Abschlüssen mit Bildnern und Malern, die sich übrigens nur als Handwerker betrachteten, die Bischöfe und Mönche den Plan der Arbeit entwarfen und oftmals sogar die Zahl und die Bedeutung der Gestalten angaben. So war denn der den Künstlern überlassene Spielraum ein recht beschränkter, sie hatten nach den Wünschen des Käufers in einem gegebenen Rahmen zu arbeiten.

Doch kommen wir auf unser Bild zurück, das allein zwei Eichenflügel einnimmt, so dass beim Schliessen derselben der eine Arm des Christus mitten durchschnitten wird; sind die Flügel geschlossen, kommen beide Gruppen nebeneinander zu stehen.

Die ebenfalls bemalte Rückseite zeigt auf jedem Flügel zwei getrennte Szenen: einerseits eine Auferstehung, andererseits eine Verkündigung. Die letztere ist, um uns ihrer zu entledigen sei es gleich gesagt, gründlich missglückt.

In einem Oratorium liegt vor einem täuschendgemalten Gebetbuch, das bei den Prophezeiungen des Jesaias aufgeschlagen ist, dessen verkrümmte, von einem Turban gekrönte Silhouette in einer Ecke des Bildes dicht unter der Deckenwölbung schwebt, ein blondes, aufgedunsenes

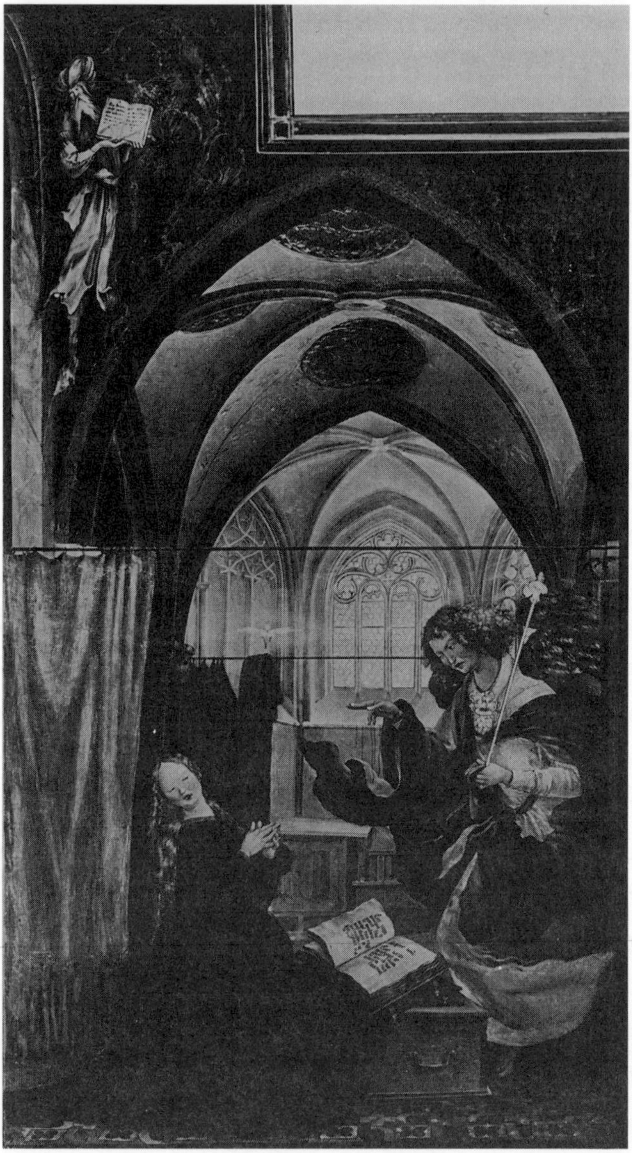

Verkündigung an Maria
Grünewald: Isenheimer Altar

Weib, mit vom Herdfeuer hochrotem Gesicht auf den Knien. Sie ziert sich mit beinahe missvergnügtem Ausdruck vor einem langen Kerl, dessen Gesicht ebenfalls brennrot ist, und der in wahrhaft komisch-vorwurfsvoller Haltung mit zwei überlangen Fingern auf sie losfährt. Man muss gestehen, dass die gebietende Gebärde des Vorläufers auf dem Kreuzigungsbilde in dieser unglückseligen Nachahmung lächerlich wirkt. Die beiden in dieser Weise gestreckten Finger machen einen höhnisch-dummen Eindruck, und die Gestalt mit der gelockten Perücke gliche — bemerkten wir nicht das Zepter in ihrer Faust und die tief am Rücken angeklebten grünroten Flügel — viel eher einem Marketender, als einem Engel, so feist und gemein ist sein sanguinisches Gesicht, und wir fragen uns, wie der Künstler, der die kleine, weisse Jungfrau geschaffen, die Mutter des Erlösers hier durch diese unangenehme, misswachsene Weibsperson mit den wulstigen Lippen verkörpern konnte, die sich in ihrem Sonntagsstaate, einem saftiggrünen Kleide, das noch durch das Hellrot des Futters gehoben wird, herausgeputzt spreizt.

Doch wenn uns diese Tafel in unangenehmer Weise verwirrt, so begeistert uns die andere, die tatsächlich herrlich ist, und, ich wage es zu sagen, in der Malkunst einzig dasteht. Hier offenbart sich Grünewald als der kühnste Maler, der je gelebt, als erster, der es gewagt, mit der Armut irdischer Farben die Erscheinung des göttlichen Wesens darzustellen, das am Kreuz zeitweilig aufgehoben worden ist und nun beim Verlassen des Grabes, dem blossen Auge sichtbar, wiedererscheint. Wir stehen mit ihm, mitten im mystischen Jubel, vor einer aus ihren Verschanzungen herausgeforderten Kunst, die genötigt ist, sich weiter über sie hinauszuwagen, als diesmal irgendein Theologe von ihr hätte verlangen können.

Die Szene baut sich folgendermassen auf:

Das Grab öffnet sich, die gepanzerten und behelmten Kriegsknechte werden über- und durcheinandergeworfen und liegen, das Schwert in der Hand haltend, im Vordergrund; einer von ihnen, weiter zurück hinter dem Grabe, überschlägt sich und stürzt kopfüber. Der Heiland schwebt empor, er breitet die Arme aus und weist uns die blutigen Wundmale an seinen Händen.

Es ist ein blonder, gewinnender, kräftiger Christus mit braunen Augen, der nichts mehr mit jenem Goliath gemein hat, den wir vorhin, mit Nägeln an dem noch grünen Holz des Hochgerichtes festgenagelt, sich auflösen sahen. Und von diesem aufsteigenden Körper gehen leuchtende Strahlen aus, die ihn umspielen und seine Umrisse zu verwischen beginnen. Schon verschwimmen die Gesichtskonturen, die Züge verflüchtigen sich, die Haare lösen sich auf, fliessen in einen Heiligenschein von flüssigem Gold zusammen. Das Licht ergiesst sich in gewaltigen Ringen, die vom leuchtendsten Gelb sich in Purpurtöne wandeln, die schliesslich in sanften Abstufungen ins Blaue übergehen, das sich seinerseits mit dem dunklen Blau des Abendhimmels vermählt.

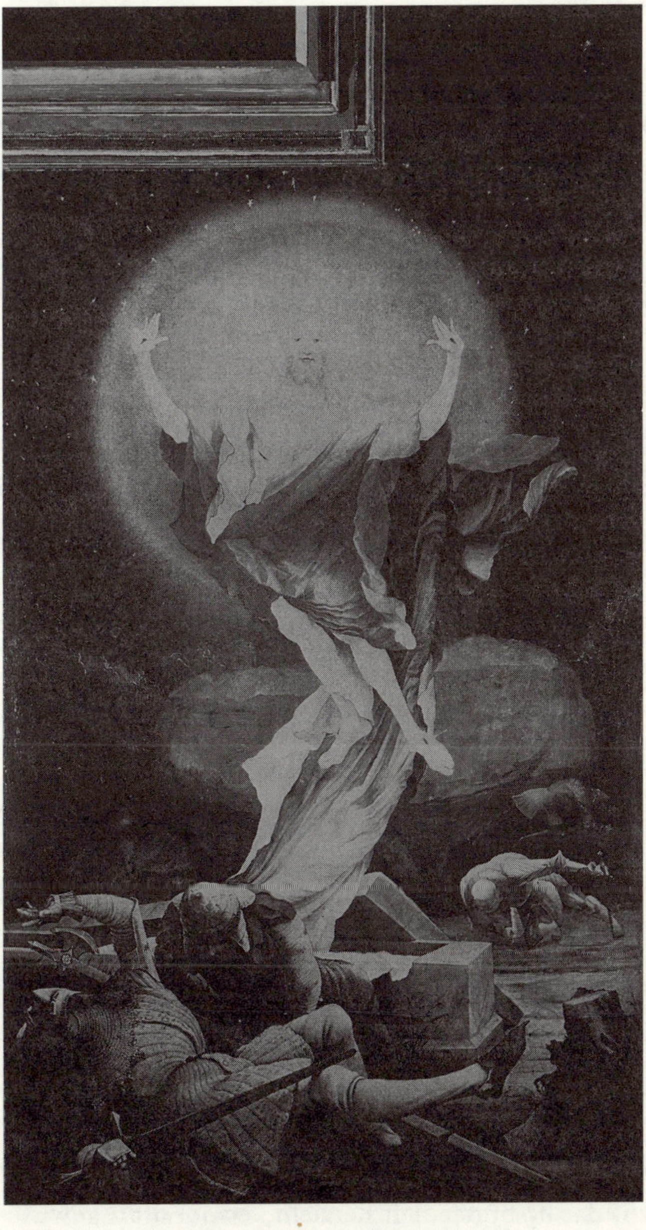

Auferstehung Christi
Grünewald: Isenheimer Altar

Wir wohnen der Erneuerung der Gottheit bei, die sich mit dem Leben entzündet, der Entstehung des siegreichen Körpers, der sich nach und nach aus der irdischen Hülle löst und aufgeht in jener Flammen-Apotheose, die sie ausstrahlt, deren Herd sie selbst ist.

Der verklärte Heiland erhebt sich majestätisch und lächelnd; man könnte den übergrossen Heiligenschein, der sein Haupt flimmernd umschliesst, und der uns in der sternübersäten Nacht blendet, für den wiedererschienenen Stern der heiligen drei Könige halten, in dessen engeren Lichtkreis die Zeitgenossen Grünewalds das Jesuskind stellten, wenn sie die Geschichte von Bethlehem malten. Der Stern, der den Beginn beleuchtet, scheint zum Ende wiedergekommen, wie der Vorläufer auf dem Golgathabilde; der Weihnachtsstern, der seit seiner Geburt am Firmament gewachsen ist, gleich dem Körper des Messias seit seiner Geburt auf Erden.

Der Künstler aber, der dies Wagstück unternommen, hat es wunderbar zu Ende gebracht. Er hat den Erlöser bekleidet und die Verwandlung der Farben seines Kleides, die sich mit Christus zugleich verflüchtigen, darzustellen versucht; das scharlachfarbene Gewand nimmt hellgelbe Töne an, je näher es der flammenden Lichtquelle der Strahlen, dem Haupte und Nacken Christi kommt; das Gewebe wird immer dünner, schliesslich in dem goldenen Schein beinahe gänzlich durchsichtig. Das weisse Schweisstuch, das er hinter sich herzieht, erinnert an gewisse japanische Gewebe, die nach geschickten Übergangstönen die Farbe wechseln; es nimmt zuerst sachte hellila Töne an, die sich dann zu reinem Violett verdichten, das sich schliesslich gleich dem letzten azurnen Kreis des Heiligenscheines im Indigoschwarz der Nacht verliert.

Der Ausdruck des Triumphes auf dieser Auferstehung ist wunderbar. Dem Wort von dem „kontemplativen Leben der Malerei", das keinen Sinn zu haben scheint, kommt zum mindesten hier in diesem Fall ein solcher zu; denn wir dringen mit Grünewald in das Reich der hohen Mystik ein, und wir erraten durch Vermittlung von Farben und Linien die Ergiessung und Ausbreitung der Gottheit, die beim Austritt aus der körperlichen Hülle beinahe greifbar ist.

Mehr noch als in seinen schrecklichen Kreuzigungen zeigt sich hier die unleugbare Originalität dieses ausserordentlichen Künstlers.

Diese Kreuzigung und diese Auferstehung sind zweifellos die Meisterstücke des Museums von Kolmar, und doch hat Grünewald, der unerhörte Kolorist, sich in diesen beiden Bildern noch nicht ganz gegeben. Wir finden ihn hier in einem anderen doppelseitigen Diptychon von weniger übersinnlicher, aber bizarrerer Art, das ebenfalls in der Mitte des Schiffes der alten Kirche aufgestellt ist, wieder.

Es schliesst einerseits eine Geburt Christi und ein Engelkonzert ein, andererseits ein Bild, das den Besuch des Zenobitenpatriarchen bei Skt. Paul dem Einsiedler darstellt und eine Versuchung des heiligen Antonius.

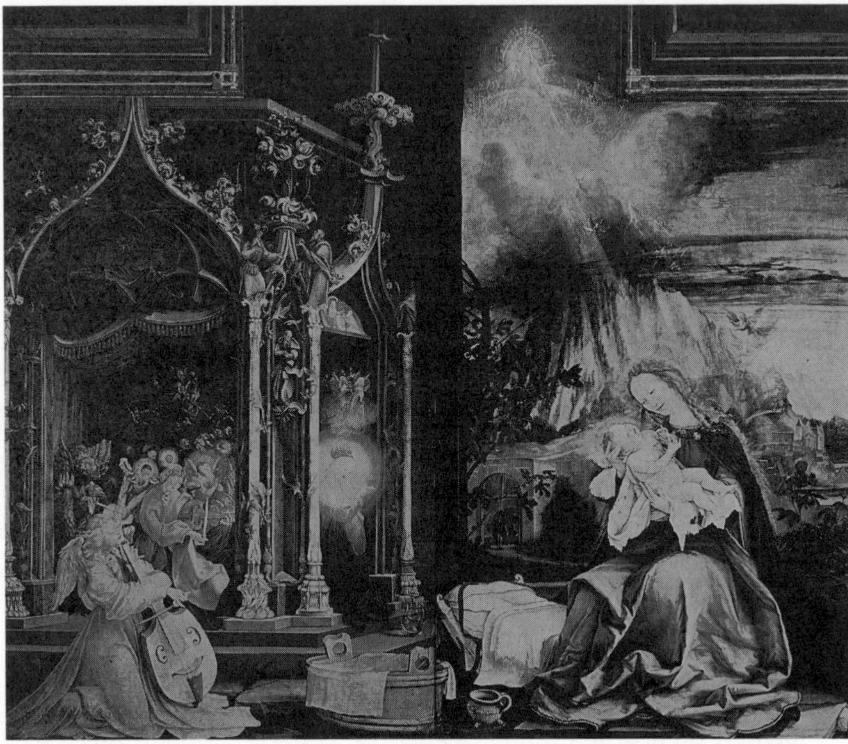

Weihnachtsbild
Grünewald: Isenheimer Altar

Eigentlich bilden dieses Engelkonzert und die Geburtsszene, die eher eine Verherrlichung der göttlichen Mutterschaft ist, ein Ganzes; dies deuten auch die Gegenstände an, die von einem Flügel zum anderen übergreifen und beim Schliessen der Flügel durchschnitten werden.

Wir müssen zugeben, dass das Thema unklar ist. Auf dem linksseitigen Flügel löst sich die Madonnengestalt von einer weitläufigen, in blaue Fernen verschwimmenden, Landschaft los, die auf einer Anhöhe durch ein Kloster, wahrscheinlich das Kloster von Isenheim, belebt wird; zu ihrer Linken, neben einer Wiege, einem Schaff und einem Topf wächst ein Feigenbaum. Zur Rechten ein Rosenstock. Sie selbst ist eine Blondine mit zu stark gerötetem Teint, mit breiten, geschwungenen Lippen, mit hoher, unbedeckter Stirn und gerader Nase; sie trägt über einem karminroten Kleide einen blauen Mantel; sie ist weniger magdmässig, sie stammt nicht aus dem Schafstalle her, wie ihre Schwester auf der Verkündigung, doch ist sie immer nur eine biedere, von Pökelfleisch genährte und vom Biergenuss aufgeschwemmte Deutsche; sie ist, wenn man will, eine Pächterin, die Mägde, die ihrem Abbild auf der Verkündigung gleichen, befehligt; doch bleibt sie darum nicht weniger eine Pächterin. Was das sehr lebendige, sehr gut beobachtete Kind anlangt, so ist es ein kleiner schwäbischer Bauernjunge, breithüftig, mit aufgestülpter Nase und listigen Augen in dem lachenden, runden Gesicht. Über der Mutter mit dem Kinde schwebt schliesslich noch im Himmel Gott-Vater, umflossen von goldenen

Wolken, die ins Orangengelbe hinüberspielen; ihm zu Füssen, in einer Flut safranfarbener Strahlen, wirbeln wie lose Blätter im Winde Engelsschwärme durcheinander.

Diese Gestalten sind durchaus irdisch; der Maler scheint sich dessen auch bewusst gewesen zu sein, denn vom Haupte des Kindes geht ein Licht aus, das die Finger und das geneigte Gesicht der Mutter beleuchtet. Er hat zweifellos das Gefühl des Göttlichen durch diese Helle, die von den Körperhüllen ausstrahlt, hervorzurufen versucht; doch diesmal missglückt der schüchtern gewordene Versuch, der Lichterguss rettet hier weder die Gewöhnlichkeit der Physiognomien, noch das Abstossende der Gesichtszüge.

Bis hieher ist der Vorwurf jedenfalls klar, doch die ergänzende Szene auf dem rechten Flügel ist es bereits weit weniger. Man stelle sich eine in wilder Gotik gehaltene Kapelle mit übergoldeten Fialen vor, starrend von verzerrten Prophetenstatuen, die in Zichorien-, Hopfen- und Distelblättern nisten, getragen von dünnen Säulchen, um die sich eine merkwürdige, zerfranste Flora, eine Vegetation mit verkrümmten Stengeln emporrankt. Und in dieser Kapelle Engel, die alle Farben spiegeln; einige haben menschliche Gestalt angenommen, andere wieder bestehen nur aus Köpfen, die in grabkranz- oder kragenförmigen Heiligenscheinen stecken; die Gesichter rosa oder blau, die Flügel einfarbig oder bunt; sie spielen auf Angelikalauten, Liebesviolen und Teorben. Wie jener Engel im Vordergrunde, dessen ungesundes, wie aus Schweinefett herausmodelliertes Gesicht lächelt, sind sie alle der grossen Madonna des anderen Flügels, die sie anjubeln, zugewendet. Das Gesamtbild ist merkwürdig, doch da sehen wir noch nahe bei diesen Engeln zwischen zweien der dünnen Pfeiler eine andere kleine Madonna; sie ist mit einem Diadem aus rotglühendem Eisen gekrönt; ihr Gesicht überstrahlt ein goldener Heiligenschein. Knieend betet sie mit gesenkten Augen und gefalteten Händen die andere Jungfrau mit ihrem Kinde an.

Was bedeutet dieses seltsame Wesen, das in uns den gleichen, phantastischen Eindruck erweckt, wie jenes kleine, von bleichem Licht umspielte Mädchen mit ihrer Geldtasche und ihrem Hahn auf Rembrandts „Nachtwache"? Ist sie eine zwerghafte heilige Anna oder eine andere Heilige, diese Gespensterkönigin, die einer Madonna zum Verwechseln ähnelt? Gewiss ist sie eine solche. Offenbar hat Grünewald auch hier das Phänomen des Lichtbades, in welchem sich auf dem Auferstehungsbilde die Züge Christi auflösen, wiederholen wollen; doch hier findet diese Absicht keine genügende Erklärung. Es sei denn, er habe den Gedanken an eine, nach erfolgter Auferstehung gekrönte und hernach wieder zur Erde herabgestiegene Madonna darstellen wollen, die, vom Hofstaate ihrer Engel begleitet, kommt, um der Mutterschaft, die ihren Ruhm bedeutet hatte, zu huldigen. Oder soll sie im Gegenteil die noch auf Erden weilende Mutter verkörpern, die der Feier ihres Triumphes, nach ihrem schmerzensreichen Leben in unserer Mitte, im voraus beiwohnt? Doch auch diese letzte Hypothese wird durch Marias mangelnde Aufmerksamkeit — sie scheint die Anwesenheit der beflügelten Musikanten gar nicht wahrzunehmen, und nur damit beschäftigt zu sein, ihr Kind zu erheitern — wieder umgestossen. Dies sind im Grunde genommen nur Vermutungen, die durch nichts gestützt werden, und es ist einfacher, zuzugeben, dass man hier vor einem Rätsel steht. Wenn man nun noch hinzufügt, dass die beiden Bilder in agressiven Farben, die stellenweise schreiend und scharf wirken, gemalt sind, wird man begreifen, dass wir vor diesem in den lärmenden Dekorationen einer wüsten Gotik sich abspielenden Feenzauber von einem unbestimmten Missbehagen befallen werden.

Als Kontrast und um unsere Nerven zu beruhigen, können wir vor der Tafel, auf welcher das Zwiegespräch des heiligen Paulus mit dem heiligen Antonius dargestellt ist, verweilen; es ist das einzige friedliche Bild dieser Serie, doch ist man bereits an die Leidenschaftlichkeit der anderen Bilder so gewöhnt, dass man beinahe Lust hat, dieses zu leblos, zu manierlich und zu brav zu finden.

In einer lapisblauen und moosgrünen Landschaft sitzen die beiden Einsiedler einander gegenüber; der heilige Antonius ist in Anbetracht dessen, dass er soeben die Wüste durchquert hat, recht sonderbar gekleidet; er trägt einen perlgrauen Mantel, ein blaues Gewand und einen rosa Turban. Der heilige Paulus ist in sein berühmtes Palmzweiggewand, das hier nur noch ein Schilfgewand ist, gehüllt; neben ihm lagert eine Hirschkuh, und in den Lüften flattert in den Baumzweigen der traditionelle Rabe,

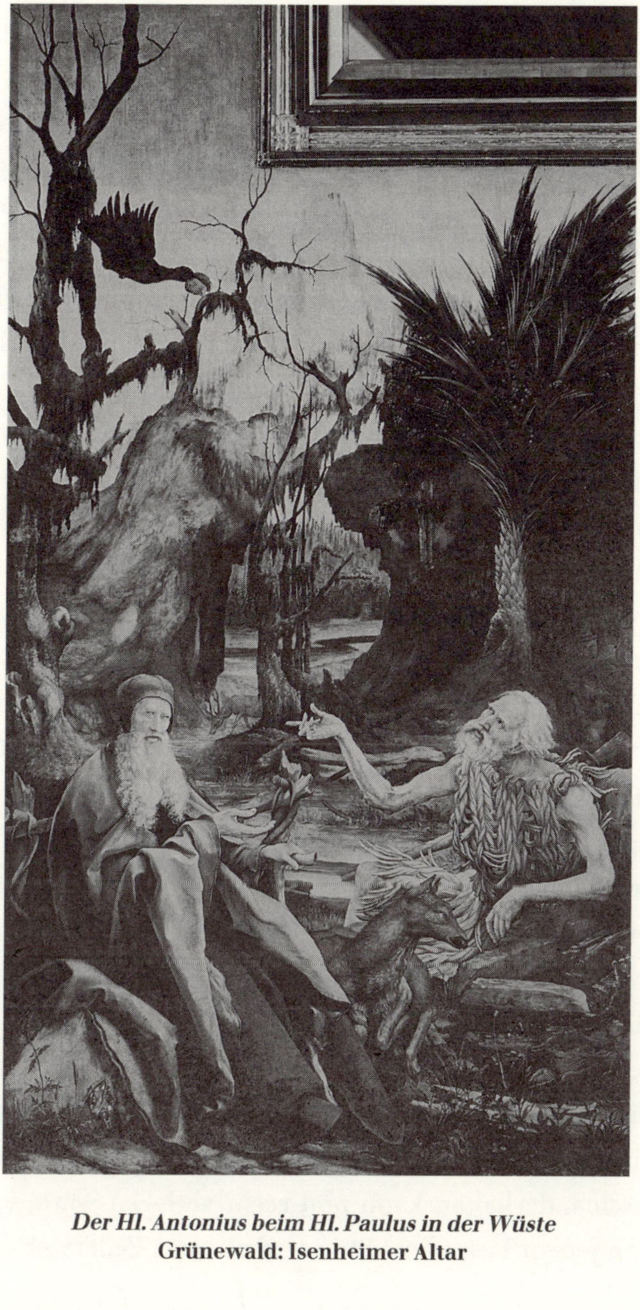

Der Hl. Antonius beim Hl. Paulus in der Wüste
Grünewald: Isenheimer Altar

der ein Stück Brot, das Mahl der Einsiedler, im Schnabel trägt.

Das Bild ist klar, ruhig, in prachtvoller Haltung gemalt. Bei diesem Gegenstande, der Grünewald zur Mässigung zwang, büsst er nichts von seinen grossartigen Malereigenschaften ein. Jenen, die ein entgegenkommendes, ansprechendes Werk ohne Überraschungen den Ungewissheiten einer verkrampften Kunst vorziehen, wird sicherlich dieser Flügel als der liebenswürdigste, bestabgewogene und am verständigsten gemalte erscheinen; er bildet einen Ruhepunkt in dem wüsten Ritt dieses Künstlers, eine kurze Rast, denn er fährt sogleich wieder los, und wir sehen, wie er auf dem benachbarten Flügel seiner Phantasie die Zügel schiessen lässt, in halsbrecherischer Weise umhertollt und aus vollem Horn seine Farbenfanfaren hinausschmettert, masslos wie auf seinen übrigen Bildern.

Er muss an der Versuchung des heiligen Antonius Gefallen gefunden haben, denn die verzerrtesten Züge, die extravagantesten Gestalten, die wildesten Töne sind in diesem Sabbath von Teufeln, die den Mönch bekämpfen, vereint.

Er hat es sich auch nicht versagt, sich in die Welt der Absonderlichkeiten hineinzustürzen; doch trotzdem diese Versuchung ausserordentliche Bewegung und Farben zeigt, erscheint sie verworren; sie ist so merkwürdig verwickelt, dass man die Gliedmassen der Teufel nicht mehr auseinanderhalten kann und recht verlegen wäre, sollte man jenem Tiere diese Pfoten oder jenem Federvieh diese

Flügel, die den Heiligen zerfleischen oder zerkratzen, zusprechen.

Das ungestüme Tohu-Wabohu der Gestalten wirkt trotzdem nicht minder packend; wohl hat Grünewald nicht die ingeniöse Vielfältigkeit und die wohlgeordnete Unordnung eines Brueghel oder eines Hieronymus Bosch, wir sind weit entfernt von der klargezeichneten und so weise-irrsinnigen Verschiedenheit der Larven, die wir auf dem „Engelsturze" des Brüsseler Museums sehen. Grünewalds Phantasie ist begrenzter, seine Einbildungsfähigkeit beschränkter. Da gibt es Hirschgeweih oder gerade Hörner tragende Satansschädel, eine Haifischkinnlade, ein unbestimmbares Walross- oder Kalbsmaul; der Rest seiner Komparsen, die dem beflügelten Tierreiche angehören, scheinen Kreuzungen von Empusen, die von wütenden Hähnen gedeckt wurden, zu sein, deren Krallen sich bei diesen Produkten in Arme umgestaltet haben.

Und diese gesamte, entfesselte Höllenvoliere umkreist den rücklings hingeworfenen Anachoreten, der bei den Haaren hintenüber gezogen wird, einen Skt. Antonius mit langem Barte, der aus offenem Munde schreit, das Gesicht mit einer Hand schützend, während die andere Stock und Rosenkranz, den eine wütende Henne bepickt, deren gesträubtes Gefieder dem Panzer einer Crustacee gleicht, umklammert hält; und all diese Tiere stürzen sich über ihn; eine Art Riesenpapagei mit grünem Kopf, roten Armen und gelben Krallen, mit grauem goldüberglänztem Gefieder, schwingt einen Knüttel, um den

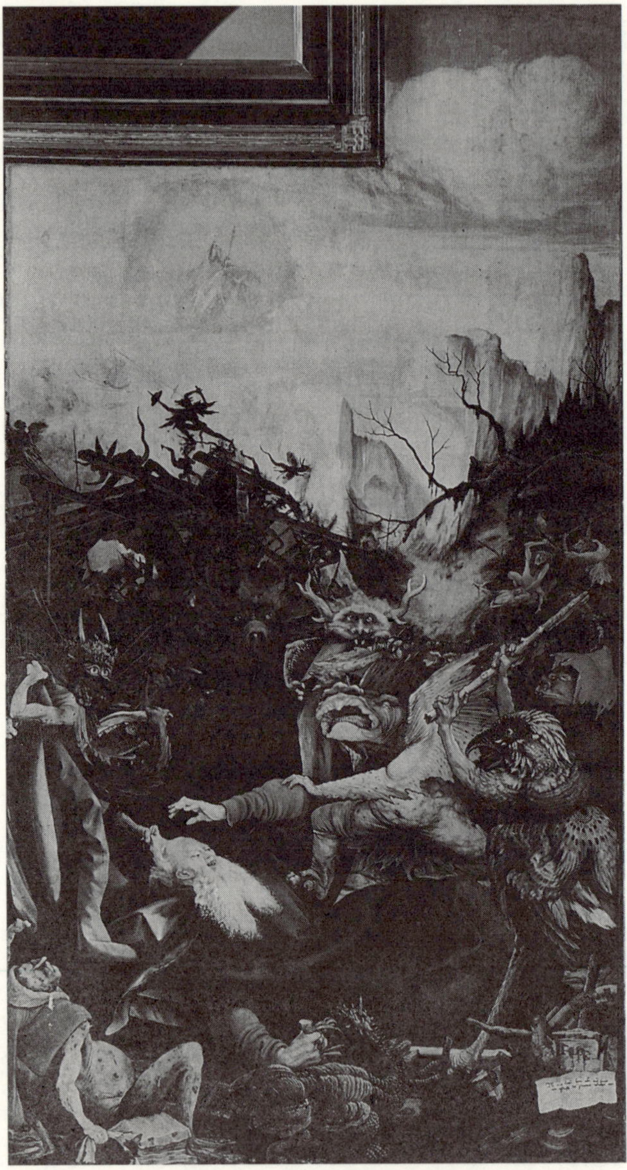

Die Versuchung des Hl. Antonius
Grünewald: Isenheimer Altar

Mönch zu töten, während ein anderer Teufel ihm seinen perlgrauen Mantel herunterreisst und ihn zerkäut und andere wieder, Skelettrippen schwingend, zu Hilfe eilen und sich bemühen, seine Kleider zu zerfetzen, um ihn besser treffen zu können.

Skt. Antonius ist als Mensch wunderbar in seinen Bewegungen, seinem Geschrei, seiner Lebendigkeit; und nachdem man das Heitere dieses schwindelerregenden Ensembles ausgekostet hat, halten zwei kleine, zuerst übersehene Details im Vordergrund, die wie in die beiden Ecken des Rahmens hineinversteckt erscheinen, unsere Blicke fest, da sie uns manches zu denken geben. Zur Rechten ist's ein mit einigen Zeilen beschriebenes Blatt Papier, zur Linken ein bizarres, sitzendes, kapuzenbedecktes und halbnacktes Geschöpf, das sich in Schmerzen dicht bei dem Heiligen windet.

Das Blatt trägt die Inschrift: *Ubi eras, bone Jhesu, ubi eras, quare non affuisti ut sanares vulnera mea?* was wir mit den Worten: „Wo warst du, guter Jesus, wo warst du, warum kamst du nicht meine Wunden zu heilen" übersetzen können.

Diese Wehklage, die wohl von dem Einsiedler in höchster Not ausgestossen wird, findet auch Erhörung; denn, wenn wir unseren Blick nach oben richten, gewahren wir eine Engelschar, die herabschwebt, um das Opfer zu befreien und die Teufel zu verjagen.

Man kann sich auch fragen, ob dieser verzweifelte Hilferuf nicht von dem, auf der anderen Seite des Bildes hockenden Monstrum, das da sein wundes Haupt zum Himmel erhebt, ausgestossen wird. Ist es eine Larve, ist's ein Mensch? Wie dem auch sei, noch nie hat es ein Maler gewagt, in der Darstellung der Fäulnis und Verwesung so weit zu gehen. Kein medizinisches Lehrbuch der Hautkrankheiten enthält abstossendere Abbildungen. Man stelle sich einen aufgetriebenen, wie aus weisser, blaugeäderter, fettiger Seife herausmodellierten Körper vor, auf dem Furunkeln und Eiterbeulen Erhebungen bilden. Es ist ein Triumphgesang des Fleischbrandes, das Hosiannahlied der Karies!

Wollte Grünewald durch die Wiedergabe des Ekelhaftesten, was es gibt, das Bildnis des Satans malen? Ich glaube es nicht; denn wenn man die Gestalt aufmerksam betrachtet, sieht man, dass es ein Mensch ist, der sich auflöst und leidet.

Erinnert man sich dabei, dass dieses Bild sowie die übrigen aus dem Kloster der Antoniter von Isenheim stammt, dann wird uns alles klar. Einige Erläuterungen über den Zweck und die Bestrebungen dieses Ordens werden, glaube ich, genügen, um das Rätsel zu lösen.

Der Orden der Antoniter wurde im Jahre 1093 in der Dauphiné durch einen adeligen Herrn namens Gaston gegründet, dessen vom „heiligen Feuer" ergriffener Sohn durch die Fürbitte des heiligen Antonius geheilt worden war. Die Bestimmung des Ordens war die Pflege der von dieser und ähnlichen Krankheiten Befallenen.

Der Orden, der den Ordensregeln des heiligen Augustinus unterworfen war, breitete sich rasch in Frankreich und Deutschland aus; er wurde in Deutschland so beliebt, dass zur selben Zeit, da Grünewald lebte, Kaiser Maximilian I. ihm 1502 als Zeichen seiner Gunst gestattete, die Reichsinsignien, vereint mit dem blauen Antoniuskreuz, das auch die Mönche auf ihren schwarzen Kutten trugen, in seinem Wappen zu führen.

Wie ich bereits eingangs erwähnte, befand sich zu jener Zeit ein Antoniterkloster, das bereits ein Jahrhundert lang bestand, zu Isenheim, doch die fürchterliche Krankheit war noch nicht ausgerottet worden. So war denn dieses Kloster ein Spital, und wir wissen andererseits, dass es sein Abt oder, um uns des technischen Ausdruckes der damaligen Zeit zu bedienen, sein Präzeptor Guido Guersi war, der das Polyptychon bei Grünewald bestellte.

Nun wird man sich den Platz, der dem heiligen Antonius, dem Ordenspatrone des Klosters in dieser Bilderserie eingeräumt wird, leicht erklären; man begreift auch den furchtbaren Realismus Grünewalds, die grauenerregenden Fleischtöne seiner Christusgestalten, die er zweifellos nach den Leichen in der Totenkammer des Hospitals gemalt hat. Beweis hiefür ist, dass Dr. Richet, der die Körper von Grünewalds Gekreuzigten vom medizinischen Standpunkte aus untersucht hat, sagt: „Er geht in der sorgfältigen, genauen Behandlung des Details so weit, die entzündlichen Wundränder, die sich um die kleinen Eiterbeulen herum entwickeln, anzudeuten." Man versteht nun vor allem die Gestalt dieses entsetzlichen, schmerzgequälten Wesens, das wir auf der „Versuchung des heiligen Antonius" sehen, das in einem Krankensaal nach der Natur gemalt wurde, und das weder eine Larve, noch ein Satan ist, sondern ein unglücklicher, am „heiligen Feuer" leidender Mensch.

Die geschriebenen Schilderungen, die wir von dieser Seuche besitzen, stimmen übrigens in allem mit der Darstellung des Malers überein, und die Ärzte, denen das Bild dieses glücklicherweise besiegten Übels fremd ist, können an den Gemälden von Kolmar die Tätigkeit der angegriffenen Gewebe und der Wucherungen studieren*).

Das „brennende Leiden", auch das „heilige Feuer", „Höllenfeuer" und „Antoniusfeuer" genannt, trat im X. Jahrhundert mit verheerender Gewalt in Europa auf; es hatte etwas von der brandigen Kriebelkrankheit und der Pest und zeigte sich durch Geschwüre und Geschwülste an, ergriff nach und nach alle Glieder und trennte sie, nachdem sie diese zerstört, langsam und stückweise vom Körper los. So schildert uns im XV. Jahrhundert der Biograph der heiligen Lydwina, die ebenfalls davon befallen wurde, dieses Übel. Auch Dom Félibien spricht in seiner Geschichte von Paris anlässlich der Epidemie, die im XII. Jahrhundert ganz Frankreich aufwühlte, darüber und sagt:

*) Zwei Ärzte haben sich mit dieser Gestalt beschäftigt: Charcot und Richet. Ersterer hält in seiner Studie „Die Syphilitiker in der Kunst" diese vorzüglich für eine Darstellung des sogenannten „Franzosenübels", während letzterer in „Kunst und Medizin" in seiner Diagnose zwischen Lepra und Lues schwankt.

„Das ganze Geblüt war durch ein inneres Feuer verdorben, das den gesamten Körper zerfrass und Tumoren, die zu unheilbaren Ulzerationen führten, an die Hautoberfläche trieb, so dass Tausende von Menschen daran zugrunde gingen.»

Sicher ist jedenfalls, dass kein Mittel imstande war, diese Seuche einzudämmen, die aber oftmals durch die Hilfe der Madonna und der Heiligen beschworen wurde.

In der Pikardie trägt heute noch eine Marienkirche den Namen: „Zu unserer lieben Frau vom heiligen Feuer», und die Anbetung der heiligen Kerze von Arras ist berühmt.

Ausser dem heiligen Antonius wurde noch der heilige Martin, der eine Schar dieser Kranken, die sich in Paris in einer unter seinem Patronate stehenden Kirche versammelt hatten, vom Tode errettete, angerufen; auch nahm man zu Skt. Israel, dem Kanonikus von Dorat, zu Skt. Gilbert, dem Bischof von Meaux, schliesslich auch zur heiligen Genovefa Zuflucht, die tatsächlich unter der Regierung Ludwig des Dicken während einer Prozession, bei welcher ihr Reliquienschrein umhergetragen wurde, eine Reihe von Aussätzigen heilte, die sich in die Kathedrale von Paris geflüchtet hatten. Dies Wunder erregte solches Aufsehen, dass man, um dessen Angedenken zu verewigen, daselbst eine Kirche erbaute, die den Namen *Sainte Geneviève des Ardents* erhielt; die Kirche existiert nicht mehr, doch das Pariser Brevier feiert ihr Fest noch unter diesem Namen.

Doch um auf Grünewald zurückzukommen, der uns, ich wiederhole es nochmals, ein wahrheitsgetreues Abbild dieser Seuche hinterlassen, bleibt uns noch in der Galerie von Kolmar ein Bild zu erwähnen übrig: es ist die Predella einer Grablegung, mit einem bleifarbigen, von Blutgerinseln gesprenkelten Leichnam Christi, einem heiligen Johannes mit hartem Profil und ausgewaschen-ockergelben Haaren, einer bis zu den Augen hinauf verschleierten Mutter Gottes und einer von Tränen entstellten Magdalena. Doch diese Predella ist nur eine abgeschwächte Wiederholung seiner grossen Kreuzigungsbilder. Allein, in einer Sammlung von Gemälden anderer Meister würde sie uns verblüffen, hier erstaunt sie uns nicht einmal mehr.

Wir müssen noch zwei schmale Flügel erwähnen, von denen einer einen kleinen, krummbeinigen, mit Pfeilen gespickten Skt. Sebastian umrahmt und der andere, jener von Sandrart erwähnte, einen Skt. Antonius zeigt, der das Antoniuskreuz, den Hirtenstab seines Ordens, in der Hand hält. Es ist ein majestätischer, in sich vertiefter Skt. Antonius, der sich nicht einmal um den Satan, der in seinem Rücken Fensterscheiben zerbricht, bekümmert. Somit ist die Revue der Werke dieses Meisters beendet.

Andere, sehr interessante Altarblätter primitiver Maler und wundervolle Holzarbeiten, wie eine stehende Madonnenstatue, und ein sitzender heiliger Antonius aus polychromiertem Lindenholz, häufen sich im Schiff. Einige der Flügel begünstigen fromme Träumereien, besonders jene Verkündigung von Schongauer, deren längliche, einnehmende Gesichter sich sanft von einem Erdbeerbeete auf Goldgrund abheben. Doch Schongauers Meisterwerk, „Die Madonna im Rosenhag", ist nicht in diesem Museum, sondern in der Sakristei der Skt. Martinskirche; stünde sie übrigens in diesem Mittelschiff, sie würde das Schicksal der übrigen Bilder teilen: neben Grünewald bricht alles zusammen.

Mit seinen Farbenfanfaren, seinen tragischen Aufschreien, mit seinen gewalttätigen Apotheosen und wahnwitzigen Beinhausvisionen beschlagnahmt und bezwingt er uns; verglichen mit diesem Tosen, dieser Unbändigkeit erscheint alles andere tonlos und fade.

Man verlässt Grünewald und bleibt auf ewig in seinem Bann. Vergeblich forscht man nach seinem Ursprung, seinen Quellen; denn kein Maler vor ihm, keiner seiner Zeitgenossen gleicht ihm. Er steht zu Cranach, Strigel, Burgkmair, Schongauer und Zeitblom in keinem Verhältnis; er ist mit Dürer und seinen Schülern Hans von Kulmbach, Schäufelein, Beham und Altdorfer von Regensburg in keiner Weise verwandt. Noch ferner steht er den ersten, primitiven deutschen Malern, den in Samen geschossenen Miniaturisten der Kölner Schule, diesen Verfertigern frommer Süssigkeiten, die mit zuckerhaltigen Farben malten.

Man muss im Kölner Dom das berühmte „Dombild" von Stephan Lochner und besonders im Museum die kleine Soubrette, die mit der Bezeichnung „Madonna" des Meister Wilhelm etikettiert ist, gesehen haben, um eine Ahnung zu bekommen, wie weit diese Pinsler in ihrer Süsslichkeit und Gelecktheit gingen.

Der einzige, der, wenn auch nicht minder geziert, so doch zum mindesten wahrhaft mystischer und unbefangener ist, ist der Meister von Skt. Severin, der das Leben der heiligen Ursula, von dem zwei Probestücke im Louvre hängen, malte. Die beiden Bilder des Louvre sind nicht besonders anziehend, aber in Köln gibt es Tafeln von diesem Unbekannten, die sonderbar bleichsüchtig, befremdlich blass sind, z. B. jene, auf welcher ein Engel der Heiligen ihr Martyrium ankündigt.

Doch dieser Meister von Skt. Severin ist ein Antipode des Malers von Karlsruhe und Kolmar. Der einzige seiner Zeitgenossen, der sich Grünewald etwas nähert, und der ihn auch stellenweise nachahmt, wäre, wenn man sich an die bizarre Farbengebung seines Berliner Bildes, eines rothäutigen Herkules, der einen Antäus aus Gips zermalmt, hält, Hans Baldung Grien. Doch wie tief steht er trotz seiner schönen Kreuzigung am Hauptaltar der Kathedrale von Freiburg i. B. unter Grünewald! Er erscheint uns übrigens bei Behandlung dieses gleichartigen Themas wie ein Klassiker. Er hat weder Grünewalds fiebernde Glut, noch die Herbheit seines mystischen Naturalismus, noch seine Grösse.

Trotzdem kann man aber einen gewissen fremden Einfluss in Grünewalds Werken bemerken; Goutzwiller weist in seiner Broschüre über das Kolmarer Museum auf einen Anklang, auf eine unbestimmbare, beiläufige Nachahmung der zeitgenössischen italienischen Landschaftsmalweise hin, die vielleicht an der Art, in der er seine Landschaften aufbaut und seine Himmel blau überstäubt zu bemerken ist. Sollte er Italien bereist oder in Deutschland, ja gar in Isenheim, dessen Präzeptor Guido Guersi, welcher nach seinem Namen zu schliessen wohl von jenseits der Berge herstammte, Bilder italienischer Meister gesehen haben? Niemand weiss es, und selbst dieser Einfluss lässt sich bestreiten. In der Tat ist es ungewiss, ob dieser Maler, der der modernen Malerei vorauseilt und uns stellenweise durch seine herben Töne an den Impressionisten Renoir und durch seine Kunst der Abtönung und Abstufung an die Japaner erinnert, nicht all dies ohne Beihilfe von Erinnerungen oder Kopien erfunden hat, ob er nicht den Aufbau seiner Landschaften der Natur in den Gefilden des Thüringer- und des Schwabenlandes entnommen hat. Er könnte sehr leicht in diesen Gegenden den Jubelton der bläulichen Fernen seiner „Geburt Christi" erblickt haben. Ich glaube auch nicht wie Goutzwiller, dass der Beweis eines „italienischen Einschlags" dadurch erbracht wird, dass Grünewald auf dem Bilde der beiden Anachoreten einen Palmbüschel gemalt hat. Die Idee, diese Baumgattung in eine orientalische Landschaft zu stellen, erfordert keinerlei Suggestion, keinerlei Beihilfe, da sie ganz natürlich und durch die Erfordernisse des Gegenstandes selbst gegeben erscheint. Es wäre in jedem Falle recht erstaunlich, wenn er Kenntnis von fremdländischen Werken gehabt hätte, dass er sich darauf beschränkt haben sollte, ihnen nur ihre Art, Firmament und Bäume zu disponieren und zu malen, zu entlehnen, während er es verabsäumte, sich ihr Kompositionssystem und ihre Darstellungsweise des Christus und der Maria, der Engel und der Heiligen zu eigen zu machen.

Ich muss wiederholen, dass seine Landschaften rein deutsch sind, das beweisen schon gewisse Details; sie können vielen erfunden erscheinen, um auf die Einbildungskraft zu wirken, um dem Drama des Kalvarienberges noch ein pathetisches Element hinzuzufügen, doch sind sie nur peinlich genaue Wiedergaben. So ist es mit jenem blutfarbenen Erdboden, in welchen das Kreuz des Karlsruher Bildes eingepflanzt ist. Diese Erde ist keineswegs eine Erfindung. Grünewald arbeitete in Thüringen, dessen von Eisenoxyden gesättigter Boden rot ist; ich habe ihn selbst vom Regen aufgeweicht gesehen, und dann gleicht er dem Bodenschlamm eines Schlachthauses, ist wie von Blutlachen bedeckt.

Was seine Gestalten anlangt, so sind sie alle von germanischem Typus, und ebensowenig stammt seine Art, Stoffe und Gewebe zu malen, von der Kunst der Italiener ab; seine Stoffe sind tatsächlich von ihm selbst gewebt und sind ihm so ureigen, dass sie genügen würden, um seine Bilder unter denen aller anderen Maler erkennen zu lassen. Bei ihm finden wir nirgends das kleine Gefältel, die harten abgehackten Dreiecke, die gebrochenen Röhrenformen der Primitiven; er drapiert üppig, mit breiter Bewegung und grossen Falten. Er bedient sich dichtgeschlagener, farbensatter Gewebe; auf der Kreuzigung in Karlsruhe haben sie ein gewisses Etwas, das uns an frischabgelöste Baumrinden gemahnt; denn auch sie sind rauh. In Kolmar erwecken sie diesen eigenartigen Eindruck weniger, doch zeigen sie noch jene übermässigen Wickelungen und Umhüllungen, die ein wenig widerstrebenden Formen, die rippenartigen Erhöhungen, die Vertiefungen, die der Stempel seiner Werke sind; man kann sie also angeordnet auf dem Linnen, das die Lenden des Heilands umschlingt, und an dem Mantel des Täufers auf dem Kreuzigungsbilde beobachten.

Auch hierin ist also Grünewald niemandes Schüler und muss darum wohl oder übel in der Geschichte der Malerei als Sondererscheinung eingereiht werden, als ein Barbar des Genies, der farbige Gebete in ursprünglicher Mundart, in einer ihm eigenen Sprache hinausschreit.

Seine stürmische Seele stürzt sich von Übermass zu Übermass; man fühlt, wie sie sogar zu Zeiten selbstgewollter Rast, zur Zeit des Schlafes, von Stürmen bewegt wird; doch so ergreifend sie wirkt, wenn sie über die Geschehnisse des Leidens Christi nachgrübelt, so ungleichmässig und beinahe barock wird sie, sobald sie sich mit den Freuden der Geburt Christi beschäftigt; sobald sie nicht hinrichtet, kann man beobachten, dass sie stammelt und sich windet; er ist gewiss nicht ein Maler der Krippe, sondern ein Maler des Grabes, er weiss die Madonna nur dann zu schildern, wenn sie leidet. Sonst sieht er sie nur als gewöhnliches Weib, mit hochrotem Gesicht, und der

Unterschied zwischen seinen Madonnen auf den Mysterien des Leidens und jenen auf seinen Mysterien der Freude ist so gross, das wir uns fragen, ob er nicht eine vorgefasste, ästhetische Anschauung, ein System gewollter Antithesen befolgte?

Es ist in der Tat sehr leicht möglich, dass er der Meinung war, die Vision der göttlichen Mutterschaft könne sich nur unter dem Zwange der Qualen, am Fusse des Kreuzes klar abheben. Diese Theorie würde jedenfalls mit jener übereinstimmen, zu der er sich entschied, um die Göttlichkeit des Sohnes zu verherrlichen. Er hat diesen tatsächlich bei Lebzeiten so gemalt, wie ihn der Psalmist und Jesaias verkündigt hatten — in Gestalt des armseligsten der Menschen —, und er hat ihm seine göttliche Erscheinung erst nach dem Todeskampf und nach dem Tode wiedergegeben. Er hat die Hässlichkeit des gekreuzigten Messias zum Symbol aller Sünden der Welt, die er sühnte, gemacht. Diese Lehre, die von Tertullian, von Skt. Cyprian, Cyrill und Justinus und vielen anderen gepredigt wurde, lebte noch lange im Mittelalter fort. Er wurde vielleicht auch das Opfer des Verfahrens, das er anwandte, und dessen sich Rembrandt später bedienen sollte, indem er den Gedanken des Göttlichen durch Ausstrahlung des Lichtes von der Gestalt, die es selbst darstellen und verkörpern sollte, erwecken wollte. Bewunderungswürdig in der Auferstehung Christi, wird dieses Lichtgeriesel weniger überzeugend, wenn er es auf die kleine Jungfrau des „Engelkonzerts", und vollkommen leblos, wenn er es zur Hebung der eingeborenen Gewöhnlichkeit des Kindes auf dem Geburtsbilde anwendet.

Er hat zweifellos zu stark mit Wirkungen gerechnet, denen er eine unumschränkte Macht, die sie füglich nicht besitzen konnten, beimass. Wir müssen auch bemerken, dass, wenn die Lichtflut, die wie eine Feuerwerkssonne die Gestalt des Auferstandenen umwirbelt, uns die Vision einer göttlichen Welt vortäuscht, dies besonders durch die Schönheit und Milde des Antlitzes Christi hervorgerufen wird; es unterstützt, statt ihm zu widersprechen, den Sinn und die Wirkung dieses grossen Heiligenscheines, der die Züge mildert und veredelt, indem er sie zu Golddunst verflüchtigt.

Dies ist im gesamten Grünewalds Polyptychon im Museum zu Kolmar. Ich will mich hier nicht mit seinen anderen, in Kirchen und Galerien verstreuten Werken, die zum grössten Teile nicht von ihm herrühren, beschäftigen. Die unter seinem Namen katalogisierten Flügel in der Marienkirche von Lübeck sind nicht von ihm, und die beiden armseligen Bilder, die ich in Basel sah, sind entweder jugendliche Versuchsstücke oder Kopien; ich lasse den „Skt. Mauritius und Erasmus" in München, die kalt sind und wenig von der Note des Meisters haben, wenn man ihm durchaus die Autorschaft zusprechen will, beiseite. Ich gehe sogar über den „Kreuzsturz Christi", der ebenfalls von Kassel nach Karlsruhe überführt wurde, und der unzweifelhaft authentisch ist, hinweg; das Bild zeigt einen blauvermummten Christus, der kniend das

Kreuz schleppt. Er knirscht mit den Zähnen, gräbt die Fingernägel in das Holz ein; um ihn herum rotbekleidete Schächer und Henkersknechte, deren weisse Gewandung pistaziengrün gestreift ist. Dieser Christus bricht weniger vor Schmerz als vor Wut zusammen; er sieht wie ein Verdammter aus. Es ist ein schlechter Grünewald, und wenn ich mich nur an die leuchtende und furchtbare Auslese seiner Kunst, an die Kreuzigung von Karlsruhe und die neun Bilder von Kolmar halte, muss ich mir sagen, dass man das Werk dieses Mannes nur durch Aneinanderreihung von widersprechenden Worten erklären kann.

Er lebt tatsächlich immer in Widersprüchen und in Gegensätzen; dieser rasende Roland der Malkunst verfällt unaufhörlich von einer Übertreibung in die andere, doch ist dieser Besessene, wenn es not tut, ein sehr geschickter Maler, der die Kniffe seines Handwerkes gründlich beherrscht. Ist er auch in das blendende Geprassel der Farben vernarrt, so besitzt er doch auch in seinen guten Tagen den verfeinerten Sinn der Nuancen und Abstufungen, wie es seine Auferstehung beweist, und er versteht es, die feindlichsten Farben, ihnen begütigend zusprechend, einander langsam anzunähern, sie durch geschickte Farbendiplomatie miteinander zu verbinden.

Er ist zugleich Naturalist und Mystiker, wild und zivilisiert, freimütig und erkünstelt. Er verkörpert den deutschen, rechthaberischen, schulweisen und rauhen Geist, der zu jener Zeit von der Reformationsidee bewegt war, ziemlich klar. War er wie Cranach und Dürer mit verwickelt in diese religiöse Bewegung, die schliesslich zur unerbittlichsten Dürre führte, nachdem das Eis der protestantischen Sümpfe überschritten war? Ich weiss es nicht. Er hat auf jeden Fall jene herbe Inbrunst und jene Vertraulichkeit des Glaubens, die den illusorischen Frühling zu Beginn des XVI. Jahrhunderts kennzeichnen. Doch verkörpert er in meinen Augen noch vielmehr das Erbarmen mit den Kranken und Armen. Der grauenhafte Christus, der da auf dem Altare der Isenheimer Hospitalskirche hinstirbt, scheint nach dem Bild der Aussätzigen, die ihn anbeteten, geschaffen zu sein; sie trösteten sich mit dem Gedanken, dass der Gott, den sie anriefen, ihre Qualen gelitten, dass er in ebenso abstossender Gestalt als die ihre zum Menschen geworden und fühlten sich dann weniger enterbt und elend. Man begreift nun, warum Grünewalds Name nicht wie der Holbeins, Dürers und Cranachs auf den Bestellungs- und Zahlungslisten der Kaiser und Fürsten zu finden ist. Sein Christus der Aussätzigen hätte den höfischen Geschmack verletzt; er konnte nur von den Kranken, den Verzweifelten und den Mönchen, von den leidenden Gliedern Christi, verstanden werden.

Diese Gedanken stürmen, während wir das Museum verlassen und einen Rundgang um das kleine Kloster Unterlinden machen, auf uns ein. Unter den gotischen, aus rotem Sandstein gehauenen Arkaden hat man Trümmer von Statuen, Grabsteine, alte Eisenarbeiten und Aushängeschilder angehäuft; durch die Fenster der Säle, die auf den Kreuzgang hinausgehen, sieht man die Bücherreihen der Bibliothek, fahlbraune Kalblederbände mit verwischtem Goldaufdruck, den Antiquitätenkram eines Miniatur-Cluny, wie Steinkugeln und Donnerbüchsen, Fayencen, Messing- und Holzwaren.

In der Mitte des Klosterhofes, der durch einstöckige Gebäulichkeiten gebildet wird, die mit schweren, auch die Gänge des kleinen Klosters überdachenden Ziegeldächern gedeckt sind, steht ein Springbrunnen, auf dem eine rote Statue Schongauers von Bartholdi ziemlich traurig steht: offizielle Kunst und ein Brechmittel für das Auge.

Wir hören im Museumssaale, durch die Scheidewände der Mauern gedämpft, den Wasserstrahl im Becken verrieseln, und es dünkt uns wie das Geräusch herabfallender Tränen, das die Klagen der so bleichen, von Johannes gestützten Madonna begleitet.

Wenn wir in diesen einsamen Kreuzgängen wandeln, kommen uns suggestive Gedanken und fromme Vergleiche. Dies Kloster Unterlinden war im XIII. und XIV. Jahrhundert das aussergewöhnlichste Heim, das Christus je bewohnt; alle seine Nonnen waren Heilige, und Jesus lebte in diesem Kloster und stieg nach seinem Gefallen in jedes Seelenkämmerlein herab. Die Wunder der hohen Mystik, die Visionen, Verzückungen und Ekstasen, die übernatürlichen Krankheiten, die göttlichen Vereinigungen und Erscheinungen waren hier alltäglich, und der Strom der Gebete und der Busse versiegte nie.

Das Kloster war im Jahre 1232 ausserhalb Kolmars

an einem „Uf Mühlen" benannten Orte von zwei Witwen, Agnes von Herkenheim und Agnes von Mittelheim, deren Statuen noch an einem der Enden des Museums zu sehen sind, gegründet worden. Dies Dominikanerinnenkloster, das 1278 beendet und dessen Kirche Johannes dem Täufer geweiht wurde, ward wegen der unaufhörlichen Kämpfe, die das Elsass entvölkerten und Banden von Plünderern bis vor die Stadtmauern brachten, in die Stadt selbst verlegt, wo es heute noch steht. Da bestand es bis 1793, in welchem Jahre es zu einer Kavalleriekaserne und späterhin in ein Fouragedepot und Altmaterialienmagazin umgewandelt wurde. Endlich, im Jahre 1849, wurde es gereinigt, restauriert und als Museum hergerichtet.

Was die Nonnen anlangt, so waren ihrer noch 36, als die Revolution ausbrach und sie hinwegfegte. Die beiden letzten starben fast hundertjährig; die eine 1855 in Ligdorf, die andere in Kolmar, doch konnte ich das Datum nicht erfahren.

Glücklicher, als so viele durch unsaubere Industrien entweihte und besudelte Kirchen hat jene von Unterlinden ihren religiösen Charakter bewahrt; ihr ist, trotz ungeschickter Restaurierungen, der Reiz ihrer Apsis, ihres gotischen Schiffes mit seinen blumen- und engelgeschmückten Bogenschlusssteinen geblieben. Die Dominikanerinnen könnten heute noch hier ihre Horen singen und vor dem Bilde ihres Kirchenpatrons, des Täufers, beten. Auch die Antoniter würden sich hier heimisch fühlen, da sie ja ihren herrlichen Hochaltar und die neun Tafeln von Grünewald wiederfänden, die nach dem Sturm aus ihrer Isenheimer Präzeptorei in dies Kolmarer Kloster überführt wurden. Auch das Kloster ist vollkommen erhalten bis auf die Lindenalleen, die ihm seinen Namen gegeben.

Statt liturgischer Gebete und menschlicher Bitten steigen glühende Farbenbeschwörungen unter dem stillen Gewölbe auf. Hier wird das Fest der Verkündigung und der Geburt, die Karwoche und das Osterfest zusammen gefeiert, ohne Tagesdatum, über Jahrhunderte hinaus und über Zeiten hinweg. Das „*laus perennis*" des Mittelalters lebt in dieser unaufhörlichen Gotteshuldigung der Malerei, die Grünewald geschaffen, wieder auf. Da schluchzt das Karfreitagsleid die ganze Woche fort, und um den Sohn über die Abwesenheit seiner Bräute zu trösten, hat die Madonna sich in ein weisses Gewand gehüllt, das an die Kleidung und die Haube der Dominikanerinnen gemahnt. So verewigt sie für kommende Jahrhunderte die Erinnerung an deren Liebestränen. Jesus ist noch heimisch in diesem Museum, doch ein ungeheuerliches Sakrilegium besudelt den Saum dieser reingebliebenen Stätte.

Dicht neben der früheren Kirche paradiert ein auf den Trümmern des alten Klosters erbautes Theater, ganz nahe am Friedhofe der Einsiedlerinnen. Possenreisser und Soubretten treiben hier bei den Gebeinen der Heiligen ihr Wesen, lassen die frivolen Texte ihrer Stücke hören.

FRANKFURT AM MAIN

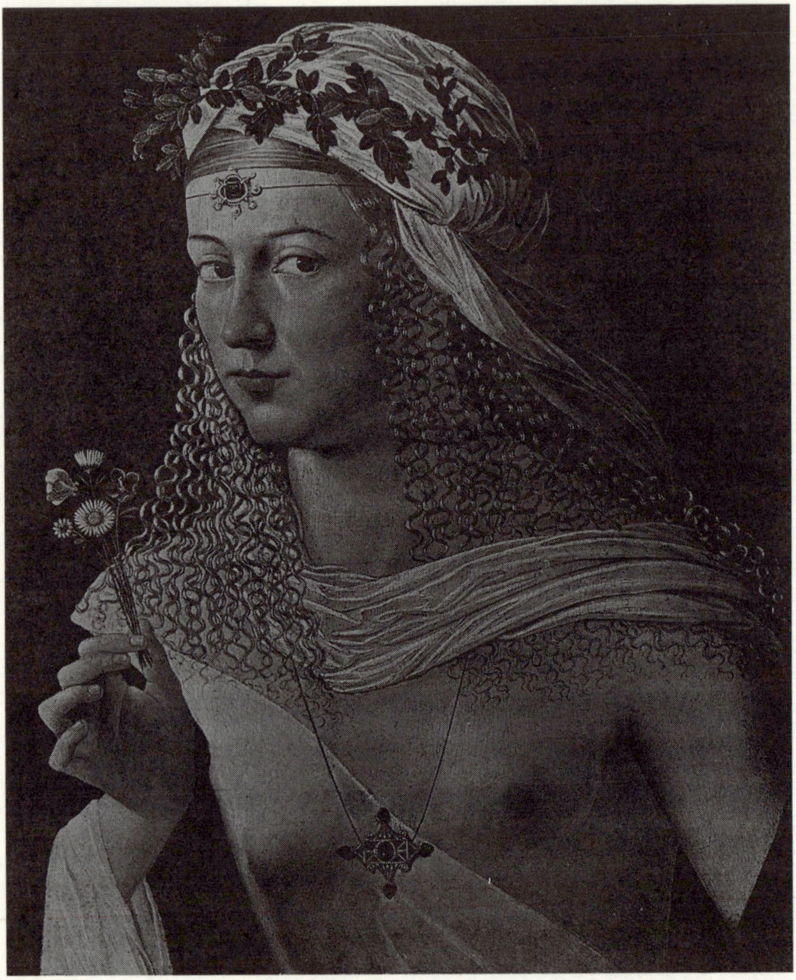

Bartolomeo Veneto: ***Kurtisane***

FRANKFURT AM MAIN
(Glossen)

Der Luxus von Frankfurt am Main bringt mich auf, weil er nicht aufhört; nur im Winkelwerk des katholischen Viertels erfährt er eine Unterbrechung. Ausser in diesen wenigen, winkligen Gassen entfaltet er sich ohne jeden Haltepunkt und bemächtigt sich sogar der leeren Flächen, wo die Gerüste der Neubauten beginnen. Man stelle sich unsere Avenue de l'Opéra, vergrössert und in jedem Sinne vervielfältigt, vor, auf all ihren Häusern schwere Deckel oder dickbauchige Kuppeln tragend, die von mit anspruchsvollen Voluten verzierten Oeffnungen durchbrochen sind. Ob man sich nach links oder rechts wendet, der Anblick des Strassenzuges ist überall der gleiche; er beginnt in schnurgerader Linie und endet in einen Hauptplatz, auf dem sich die Standbilder Gutenbergs, Schillers oder Goethes erheben, von deren graphitfarbenen Statuen wir in diesem Teile Deutschlands verfolgt werden; dann setzt er, von anderen, ähnlichen Strassenzügen in seinem Lauf unterbrochen, die auf ähnliche, baumbepflanzte, von riesenhaften Monumenten besetzte Plätze münden, wieder ein. Hier ist die Post ein

Palast, die Bahnhöfe und Bankgebäude sind übergross; Stein und Marmor sind vom Regen und Wind noch kaum berührt, alles riecht nach schlechtgetrocknetem Mörtel, alles ist neu.

Oben im Luftraum wird der Himmel von Blitzableiternadeln durchstochen und vom gespannten Netz der Telephondrähte quadriert; man sieht die Wolken nur durch ein Gitter. Unten bimmelt die Trambahn und stiebt Funken auf den Schienen; dichtgedrängt flutet die Menge längs der Trottoire an den Geschäftsläden vorbei, in denen aufdringliche Flitterwaren aufgestapelt sind, und die abends von den in roten Glaskugeln strahlenden Lichtern wie mit Blut übergossen werden, so dass die Stadt wie im Feuerscheine steht. Man schreitet, von diesen Purpurkugeln geblendet, dahin und hat nur noch den einen Wunsch, diesem Lichtgetöse zu entfliehen und durch irgendeine dunkle Gasse seine Nachtherberge zu erreichen. Doch sobald man sich ihr nähert, wird man vom Ungestüm der wiederkehrenden Beleuchtung betäubt; Reihen von Lichtern flammen an den Fassaden, die Hotels fangen die Vorübergehenden förmlich mit Gasarmen ein. Auf der Schwelle dieser riesigen Gebäude erstrahlt ein goldbetresster Portier mit Kapitänsmütze, der einen, ob man nun will oder nicht, durch eine Handbewegung in einen Aufzug sperren lässt, und man landet auf endlosen Gängen, deren elektrische Glühlampen den blendenden Glanz der Stukkaturen noch erhöhen.

Das Zimmer ist im Jugendstil gehalten; Wasserrosen

fluten auf dem matten Papier der Tapeten und spriessen auf dem cremefarbenen Gewebe der Vorhänge; das Bett hat etwas von einer Galeotte und einem Backtrog an sich, es ist maritim und landwirtschaftlich zugleich. Die Sitzgelegenheiten haben Weberknechtbeine und durchbrochen gearbeitete Lehnen; die weissen Teppiche sind in der Wolle von irgendwelchen gelblichen Spiralen durchzogen und machen den Eindruck von Milchnudelsuppe. Die ganze Einrichtung, über deren Ästhetik sich streiten liesse, ist entschieden unbequem und ihre Benützung nicht recht geheuer. Tritt man in das Zimmer, dessen überhohen Preis diese Einrichtung, wie ich glaube, rechtfertigen soll, so dreht man an einem neben der Eingangstür angebrachten Knopf, und die Zimmerdecke erstrahlt in Licht, dreht man nochmals, so erlischt dieses und springt in eine auf dem Nachttisch stehende Blume über: dreht man ein drittes Mal, so wird es ganz dunkel. Das ist wirklich sehr schön, nur findet man hier, wie übrigens überall, keinen Anschalter in erreichbarer Nähe beim Bett, so dass man, um auszulöschen, wieder aufstehen und im Dunkeln zurückgehen muss.

Und eine Kerze verlangen — wer würde es wagen? Denn man ist sich darüber klar, dass man, indem man ein deutsches Grand Hôtel bezieht, sich auch zugleich damit einverstanden erklärt, als Nummer eingereiht zu werden, und dass man ohne Widerrede dem leitenden Inhaber zu gehorchen hat. In Frankfurt ist das in staatlicher Regie geführte Bahnhofsbüfett ausgezeichnet; die Speisekarte ist französisch geschrieben, die Küche schmackhaft und die Moselweine lobenswert, alles wird gut serviert, und die Preise sind billig. Darum hat auch eine Art Hoteliersliga dieses Büfett boykottiert, und man wird sogleich beim Betreten des Zimmers durch Anschlagzettel aufmerksam gemacht, dass man die Mahlzeiten im Hause zu nehmen hat; man wird gleichfalls darauf aufmerksam gemacht, dass das Frühstück, ob man es nun einnimmt oder nicht, in Rechnung gestellt wird. Auch muss man, selbst um in den ersten Stock zu gelangen, den Aufzug benützen und sich im Speisesaal auf den Platz setzen, der einem angewiesen wird — der Korporalsdrill wütet! Der Mann mit der Kapitänsmütze befehligt das Manöver, das schwarzgekleidete Leute, die weisse Umschläge um den Hals tragen, in die oberen Stockwerke weitergeben, und man muss darauf eingehen, denn die geringste Eigenwilligkeit würde durch einen Aderlass an der Geldbörse bestraft werden. Niemandem ist dies unbekannt, und darum ergeben sich alle in diese Knechtschaft und schweigen.

Ein ganz spezifisches Missbehagen überkommt einen in diesen Luxuskasernen und in diesen Strassen. Gewiss lastet diese fortwährende Unterjochung schwer auf uns, und die innere Unruhe, in einem fremden Lande zu leben, dessen Sprache man nicht versteht, würde schon genügen, um dieses Gefühl des Unbehagens zu erklären. Und doch sind diese Verdriesslichkeiten nur Surrogate gegenüber jenen, die im ersten Augenblick weniger deutlich hervortreten, die aber später bei näherer Betrachtung recht klar erscheinen. Was man hauptsächlich empfindet, ist die Antipathie gegen die Semitenwelt, die uns hier umgibt; es ist tatsächlich nicht eine Nationalitäten-, sondern eine Rassenfrage, die uns bedrückt; es ist nicht der Hesse, der uns hier widerwärtig ist, es ist der Jude. Er tritt in Frankfurt überall hervor, und alles ist auf ihn zugeschnitten; der übertriebene, herausfordernde Reichtum und Überfluss dieser Stadt, ihr Parvenügeschmack, die übermässige Beleuchtung der Strassen und Kaufläden, alles steht mit den Begierden, der Lebensführung, den Naturinstinkten des Juden in Einklang.

Und tatsächlich ist Frankfurt auch die internationale Hauptstadt und der Geldmarkt der Judenschaft, die Metropole des Agio, die Stadt, von der die Parole des Sinedriums und der Freimaurerlogen ausgeht; diese Stadt, in der das Geschlecht der Rothschilds geboren wurde, in ihr hat Bismarck die Zerstückelung Frankreichs unterzeichnet. Der zerstörte Tempel von Jerusalem ist in einer entsetzlichen Parodie hier wieder aufgerichtet worden, und dies neue Jerusalem gebärdet sich noch ebenso gesetzesstarr und hartköpfig gegen Christus.

Man fragt sich wahrhaftig, was man als Katholik eigentlich hier zu suchen hat in diesem Milieu, das sich dennoch von den Judengassen anderer Völker unterscheidet. All das ähnelt in keiner Weise dem Lazarusviertel, der Foelistraat von Amsterdam, wo der jüdische Typus gewissermassen klassisch ist, mit ihren Männern und Frauen mit krausen, bauschigen Haaren, Triefaugen, Nasen, die wie

Tapirrüssel aussehen, wulstigen Lippen und gefurchten, von Haarschuppen bestäubten Stirnen.

Frankfurt ist kein von Augen- und Hautkrankheiten heimgesuchtes, verlaustes Armennest. Die Mustertypen der unvermischbaren Rasse sind hier weniger krankhaft, aber mannigfacher, es ist der Kosmopolitismus von Judäa, den man da antrifft. Ausser dem landläufigen Bild der jungen brünetten oder blonden Widder, deren zu rosige Gesichter durch den Missbrauch geheimer Mittel wie aufgedunsen erscheinen, sind die Zweige der schwarz- und gelbhaarigen Familie hier reichlich vertreten; Gesichter mit Seegrasperücken, Bulldoggschnauzen, Käuzchenaugen, mit Wangen, die aus Talg und Rosenpomade geknetet scheinen und solche mit kinnlosen Wurstmäulern wechseln hier mit weniger rundlichen Köpfen, mit roten gesträubten Schöpfen, dünnem Bart, verschwollenen Augen, die an Gummi oder Mandelmilch erinnern, und Hakennasen, deren Sichelspitze beinahe die unförmliche, herabhängende Unterlippe durchschneidet, die eines Omnibuskleppers oder einer Zugstute würdig wäre.

Dagegen weisen andere kaum mehr die Stigmata der jahrhundertealten Züge auf, und man muss sie genau ansehen, um die Merkmale der von ihrem Lumpenwerk entkleideten, gewaschenen und gekämmten Rasse, die sich dennoch durch ihr Bedürfnis nach auffälliger Kleidung, ihre Vorliebe für Anhängsel und ihre Leidenschaft für Ringe verrät, zu erkennen. Anmassung vertritt nun den ehemaligen Schmutz, und der Moschus verdeckt den traditionellen Geruch der Rasse, der Ausdünstung, die zugleich von der Fadheit des Kauteriums und von der Schärfe des fettigen Schweisses herstammt.

Doch ich bin nicht nach diesem Idumäa des Hessenlandes gekommen, um den Geruch der harten Strohpuppen des Judentums einzuatmen; ich bin gekommen, um die Bilder des Staedelschen Kunstinstitutes zu sehen, und ich habe, ehe die Tore geöffnet werden, noch eine Stunde totzuschlagen. Um der langweiligen Wiederholung von Strassenecken, Standbildern und Plätzen zu entgehen, tauche ich in die Überreste der alten Stadt unter und, nachdem ich mich weidlich durch ihre Gässchen durchgeschlängelt habe, komme ich ins Ghetto — in das Ghetto der Katholiken.

Denn es sieht wirklich so aus, als wären die Rollen vertauscht; die gerechten und notwendigen Sühnestrafen, die das Mittelalter über das Volk der Gottesmörder verhängte, wenden sich nun gegen uns. Die Nachkommen der unterdrückten Ahnen triumphieren und haben, nachdem sie das Ghetto verlassen, jetzt ihrerseits die Katholiken hineingesperrt; denn schliesslich hausen die meisten hier, an deutlich geschiedener Stelle zusammengepfercht, in diesem verfallenen, in nächster Nähe des Main gelegenen Viertel!

Da liegt ein Platz, von merkwürdigen Häusern umsäumt, der uns in verkleinerter Ausgabe an den Hauptplatz von Brüssel erinnert; es ist der Römer! Die Dächerkonstruktionen der Häuser sehen wie Sägezähne, Treppenstufen und Löschhörner aus. Das stark restaurierte und vielleicht allzu reich mit vergoldeten Statuen geschmückte Rathaus stammt aus den deutschen Zeiten der Kunst; köstlich steht es da mit seinen gekuppelten Fenstern, seinen Spitzbogentüren und hohen gezähnten Giebeln. Wie freundlich erscheint es uns, nachdem wir der in Reih und Glied gestellten Truppe der Neubauten entlaufen sind!

Uns gegenüber, hinter alten Bauwerken, zeichnet sich eine rote Turmspitze ab, und um die Kirche, welche sie überragt, zu erreichen, durchschreitet man die uralten Gässchen Frankfurts; man geht an Häusern mit Spitzhauben und Schmerbäuchen, die sich an enge Fusssteige herandrängen, entlang; als hätten sie sich in das Düster verkrochen, verbergen sich hier finstere Kramläden, in denen ungeniessbare Gemüse und wenig begehrenswerte Fleischwaren im Dämmerlicht feilgehalten werden. Alles sieht havariert aus, und auf dem kleinen Platze, von dem aus man den Dom, die Kirche der Katholiken, erreicht, enthüllt sich uns in einem elenden Laden, in welchem vom langen Lagern verblichene Christus-, entfärbte Madonnen- und verschossene Skt. Josephs-Statuen beieinander stehen, der Bettelstand der religiösen Industrie. Der Laden enthält alles in allem nur drei bis vier Figuren, was den Bankrott der Frömmigkeit, die Geldklemme der Glaubensausübung kennzeichnet. Der Schmutz der ausgestorbenen Ghettos lebt hier wieder auf; der Sockel der Kirche ist von allerhand Abfällen und Unrat besudelt. Es ist augenfällig, dass die stolze Stadt sich wenig um diese alten Häuser und Gässchen bekümmert, die sie als Kuriositäten nur solange dulden wird, bis das Agio sich hineinmengt, dann werden die Baracken auf den Bretterkarren des Abräumers enden und neuen Bankgebäuden Platz machen.

Man umkreist das Gebäude, um den Eingang zu finden; die alte, dem heiligen Bartholomäus gewidmete Kathedrale ist aus rotem Sandstein gebaut, geschminkt und altehrwürdig; sie brannte im Jahre 1867 zum Teil nieder und wurde wieder instand gesetzt. Ihre verjüngte Aussenseite und der nach alten Plänen beendete Turm sind mittelmässig, aber das von oben bis unten erneuerte Innere wirkt stark auf uns ein; es ist zwar, um die Wahrheit zu gestehen, nur noch ein verstümmelter Körper, dem nur ein Stück des Schiffes geblieben ist; nur die Apsis und das Transept bestehen noch fort. Doch wie köstlich ist dieser Kirchenschiffstummel mit seinen blassgrünen, wappengeschmückten Säulen, die abwechselnd den schwarzen, doppelköpfigen Adler und die gekreuzten goldenen Schlüssel tragen. Alte Grabsteine und alte Bischofsdenkmäler stehen noch an den roten Wänden, die durch spätgotische Fenster erleuchtet werden. Neuzeitliche Altarbilder in vergoldeter Holzschnitzerei zaubern uns, im Dunkel und aus einer gewissen Entfernung betrachtet, das wahre Bild jener vor, die durch Alter und Feuer zugrunde gegangen sind, und hält man sich etwas länger bei diesen Bildern auf, so muss man sich eingestehen, dass die deutschen Architekten und Pfarrer in der Archäologie bei weitem besser Bescheid wissen, als unsere Diözesanflickmeister und unsere Geistlichen. Hier wie in allen anderen Städten wissen sie die Einzelheiten mit dem Gesamten richtig zusammenzustimmen, mit Ausnahme der farbigen Fenster, die ebenso schlecht sind, wie die unseren. Die Altäre, der Taufstein und die Kanzeln sind genau in dem Stil der Kapellen, in denen sie stehen, gehalten; das Bild des heiligen Christoph hebt sich wie ehemals in Riesenfresken von der Türwand ab, nichts ist weggelassen worden. Die Ausführung ist nicht durchweg einheitlich, doch sie steht hoch über jener unserer Devotionalienerzeuger; in Deutschland wird wenigstens der Versuch gemacht, in uns die Illusion einer reinen Sache zu erwecken, die in jedem Fall von jeglicher künstlerischen Ketzerei frei ist. O Gott! wie weit sind wir in Frankreich von diesem Begriff entfernt!

Das Museum liegt am jenseitigen Mainufer. Getrieben vom anschwellenden Drange des Geschäftslebens hat Frankfurt den Fluss übersprungen, mit dem es jetzt durch breite Brücken verbunden ist, und es beginnt sich nun in pomphaften Stadtvierteln auszubreiten; in der Ebene wird von allen Seiten gebaut, und hinter Gerüstkäfigen und weissen Kalkdünsten kommen die Kolonnaden, die Giebel und Satteldächer, die taucherglockenartigen Kuppeln der Altstadt am gegenüberliegenden Ufer zum Vorschein. Und hier dicht am Fluss sind in einem Gebäude, das in einem amtlichen Stil erbaut ist, und dessen Hässlichkeit durch den armseligen Schmuck eines neuen Gartens nicht gemildert wird, Wunderwerke angehäuft.

Man steigt Treppen hinan und rennt an geschlossene Türen an, nirgends ein Hauswart; man vermeint diesen Palast menschenleer, da springt aus einem Gehäuse ein bebrillter Homunkulus wie eine behaarte Schnarrheuschrecke heraus und teilt uns in beiläufigem Französisch mit, dass es fünf Minuten vor zwei, und dass das Museum erst von zwei Uhr ab geöffnet sei; er ersucht uns infolgedessen wieder hinunterzugehen und unten zu warten, bis er uns mit dem Glockenschlage holen werde.

Vergebens antwortet man ihm, dass er, statt einem diese Unbequemlichkeit aufzuerlegen, uns hier im Vestibül stehen lassen oder einen der Säle öffnen könnte, umsomehr, als ja während dieser Diskussion die fünf Minuten ohnehin verstreichen; doch nein, der Instruktionszettel des Türhüters ist unwiderruflich, und der Schlüssel darf nur in Abwesenheit des Besuchers und nachdem der letzte Glokkenschlag verhallt ist, ins Schlüsselloch gesteckt werden.

Die Staedelschen Sammlungen umfassen, wie die Mehrzahl der anderen Museen, Bilder jeden Ursprunges und jeglicher Herkunft; die Vereinigung der vlämischen Kleinmeister macht hier einen ansprechenden Eindruck, doch bringt sie uns, wenn man die holländischen und flandrischen Museen kennt, nichts Neues. Die wahre Freude beginnt in den einsamen Sälen der primitiven Meister, wo ein sehr schöner Rogier van der Weyden und ein Dierck Bouts, beides Bilder von unanfechtbarem Wert, uns gefangennehmen. Eine wundervolle Madonna von van Eyck, die einzige von ihm, die ich kenne, mit feinem vornehmem Gesicht, eine säugende Madonna, deren Kind einen Apfel umklammert hält, verdiente auch, dass man sie verherrlicht, doch — doch — zwei unvergleichliche Werke, ein jedes einzig in seiner Art und von einem ganz besonderen bis dahin noch nie gekosteten Geschmack sind es, die dieses Museum krönen und die Reise dahin rechtfertigen: Ein Kopf oder, besser gesagt, ein Brustbild eines jungen Mädchens aus der Florentiner Schule des XV. Jahrhunderts und eine Madonna des Meisters von Flémalle, die ihr Kind säugt.

In einem schlechtbelichteten Saale, auf einer getäfelten Scheidewand, zieht uns das Mädchenantlitz mit seinen vielversprechenden und zugleich drohenden Augen, sobald wir es erblickt haben, unwiderstehlich an. Ihre Gewandung, ihr lieblicher und doch lasterhafter Gesichtsausdruck wirken verwirrend. Die Stirnmitte ist von einem Reifen umschlossen, der einen perlenbesetzten Saphir als Mittelstück trägt, der obere Teil ist durch eine hortensienblaue Binde verdeckt, und der Kopf oberhalb dieser Binde von einer Art weissem, in lose Falten gerafftem Turban, der von einem schwärzlichgrünen Buchskranz umwunden ist, eingehüllt; unter diesem sonderbaren Kopfputz quellen lange, goldene Haarsträhnen hervor; sie sind gewellt und gewunden und erwecken in uns die Vorstellung eines in seine Maschen zerfallenden Panzerhemdes, und diese leuchtende, funkelnde Mähne ist so seltsam, dass man näher tritt, um sich zu überzeugen, ob es wirklich Haare sind. In der Nähe gesehen sind diese Goldfäden tatsächlich geduldig zusammengefügte feine Haarsträhnen, die, unten spitz zusammengedreht, auf die von einer über die Schultern geschlungenen Schärpe kaum verhüllte Brust herabfallen, so dass eine kleine, feste Mädchenbrust mit violettangehauchter Spitze entblösst bleibt; die andere schimmert unter einem herabfallenden Hemd, das nur die eine Körperhälfte bedeckt, hervor; und in der Senkung zwischen den kleinen Brüsten hängt ein massives Schmuckstück, ein mit undurchsichtigen Steinen, mit mattroten Gemmen besetztes Brustkreuz. Die himmelblaue Binde, der Turban, das Weisszeug und ein Mantel, dessen hellgrüne, doch sanfte Töne man hinter den vom Rahmen durchschnittenen Armen sieht, bilden die ganze Bekleidung des Mädchens.

Misstrauisch und böswillig betrachtet sie uns mit ihren herrlichen, dunkel teeblonden Augen. Die Nase ist gerade und schmal, der kleine, entzückende Mund durch ein mutwilliges Zusammenziehen der Lippen ein klein wenig verzogen; die rechte Hand mit den schlanken, aber stumpf zulaufenden Fingern und kurzgeschnittenen Nägeln hält ein Sträusschen gelber, violetter und rosenfarbener Blüten, ein aus drei Margariten, einer Akelei und einer Anemone bestehendes Bukett.

Die Hand, deren Innenfläche durch die leichte aufwärts gebogene Stellung des Gelenks sichtbar ist, zeigt eine mittelmässige Lebenslinie und lässt eine nach der praktischen Seite hin entwickelte Einbildungskraft erkennen; vom Standpunkt der chiromantischen Wissenschaft aus beurteilt, ist sie pervers und berechnend; sie hat die Instinkte einer gierigen Spiessbürgerin; sie ist lasterhaft, doch ist sie es, ohne je dabei das Gleichgewicht zu verlieren, sie ist ein eigensüchtiges und nichtsnutziges Frauenzimmer ohne Grösse. Den Blumenstrauss reicht sie uns zwar hin, doch scheint sie zu sagen: „Wenn du ihn annimmst — nimm dich in acht!" Die Drohung ist sichtlich, ihr Angebot gefährlich, ihre Liebe von kurzer Dauer; bei ihr verklingt der höchste Augenblick in ein Todesröcheln.

Wer ist dies rätselhafte Wesen, diese unerbittliche und schöne Zwitterblume, die uns mit so erstaunlicher Kaltblütigkeit herausfordert? Sie ist unkeusch, doch spielt sie mit offenen Karten; sie reizt, aber sie warnt; sie ist lokkend und doch zurückhaltend; sie hat die Keuschheit der Unkeuschheit „*puritas impuritatis*", wie Justus Lipsius sagt; sie ist die Erregerin der Wollust und zugleich die Verkünderin der Busse für die Freuden der Sinne. Andererseits ist sie sicherlich nach dem Leben gemalt, denn man kann nicht ein so vollkommen lebenswarmes, junges Ding ohne Vorbild erschaffen. Aber welcher Künstler hat nun dies Meisterwerk gemalt, denn die Malerei, die sich hell vom schwarzen Hintergrund abhebt, ist bewundernswert; die Zeichnung ist haarscharf und sehr geschmeidig, von einer ausserordentlichen Kraft bei ihrer offenbaren Grazie; die in ungetrübtem Glanze strahlenden Farben wirken jäh und überraschend. Die grössten Porträtisten aller Zeiten sind der Natur nie näher gekommen, haben das geheime Leben des Blutes im Hautnetz nie besser wiedergegeben; keiner hat vor allem je die Seele eines Blickes, dessen Schärfe so durchdringend ist, dass er uns durch die Säle hin verfolgt und uns dennoch zu sich zurückzieht, besser festzuhalten vermocht. Man fühlt diesen Blick im Rücken, wo immer man sich hinwendet, und die schönsten Werke des Museums erscheinen uns im Vergleiche damit als Malereien im genauen Sinne des Wortes, während jenes darüber hinausgeht, etwas anderes ist, das, um alles zu sagen, in das Gebiet jenes lasterhaften Jenseits eindringt, von dessen Pforten die gefährlichen Engel Botticellis uns mitunter einen Spalt öffnen.

Der Autor dieses Hexenstückes ist unbekannt; man hat jedoch geglaubt, diesem Bilde, das zuerst Dürer zugeschrieben, später aber unter die Rubrik „Florentinische Schule des XV. Jahrhunderts" eingereiht wurde, einen Namen geben zu müssen und zwar den Namen Veneziano.

Auf welche Beweise stützt sich die Annahme dieser Herkunft? Ich weiss es nicht, und welcher Veneziano ist überhaupt gemeint? Denn in Italien waren die Maler, die ihrem Vornamen jenen ihrer Geburtsstadt beifügten, zahlreich. Lanzi zählt für sein Teil mehr als elf solcher auf! Hier kommen offenbar weder Antonio oder Lorenzo, die beide im XIV. Jahrhundert gelebt haben, noch Bonifazio, der in den ersten Jahren des XVI. Jahrhunderts arbeitete, in Frage. Somit verblieben von den meistberühmten Venezianos noch Domenico, Donato und

Bartolommeo [1], von denen ersterer in der ersten, der zweite in der letzten Hälfte des XV. Jahrhunderts malte, während der dritte etwas später, erst nach dem Jahre 1500 wirkte.

Nun, die Malweise des Donato, so wie man sie zu kennen vermeint, hat nichts mit dieser hier gemein; man könnte höchstens eine Altersverwandtschaft hervorheben, denn das Bild scheint mir nicht aus der ersten, sondern aus der letzten Zeit des Jahrhunderts zu stammen.

Was Domenico Veneziano anlangt, so existiert kein Werk, das ihm mit Bestimmtheit zugeschrieben werden kann, und das man mit dem Frankfurter Bildnis in irgendeinen Zusammenhang bringen könnte. Die Typen des einzigen, erwiesenermassen von ihm gemalten Bildes, einer Madonna mit dem Kinde in den Uffizien von Florenz gleichen jenem des Staedelschen Institutes in keiner Weise. Übrigens ist es auch in Florenz unmöglich, Domenicos Kunst zu beurteilen, da Vasari behauptet, dass schon zu seiner Zeit die Farben derart gelitten hatten, dass er nicht weiter darüber sprechen könne.

Schliesslich findet sich kein Dokument, keine gültig erscheinende Voraussetzung, die uns gestatten würde, das Bild dem Bartolommeo da Venezia [1], diesem vagabundierenden Künstler, der, wie man weiss, im Jahre 1505 am ferrare-sischen Hofe gemalt hat, zuzuschreiben.

Wenn man über die Sache nachdenkt, erscheint tatsächlich die erste Bestimmung dieses Werkes durch Thode, der das Bild Albrecht Dürer zuschrieb, eine Zuweisung, die später durch Téodor de Wyzewa wieder aufgenommen wurde, bis zu einem gewissen Grad wahrscheinlich.

Wenn ich mich an andere Arbeiten dieses Meisters erinnere und zum Beispiel seine „Querpfeifen- und Trommelspieler" des Kölner Museums betrachte, muss ich wohl zugeben, dass diese klare, glatte und ausserordentlich sichere Malweise jener der Florentinerin vom Main nicht unähnlich ist. Beurteile ich andererseits einige seiner Porträts, finde ich wiederum unbestimmte Ähnlichkeiten und entfernte Beziehungen zwischen diesen und der Frankfurter Zwitterblume und zwar besonders auf dem Bilde der Felixschen Sammlung in Leipzig, das den jungen Albrecht Dürer mit einer Blume in der Hand zeigt, der uns mit rätselhaftem, misstrauisch-strengem Blick betrachtet.

Und doch ... trotz all dem findet man unter den stets ein wenig schwerfälligen und zugleich etwas trockenen Arbeiten dieses Malers kein Bild von so ungezwungener und kühner Komposition, das vor allem wie jenes des Staedelschen Instituts über die Grenzen von Farbe und Zeichnung hinausgeht, das eigentlich *mehr* als Malkunst wäre. Obwohl er in Venedig geweilt hat, konnte Dürer die verrottete Seele des damaligen Italien nicht in sich aufnehmen. Nur ein am römischen Hofe lebender, selbst gründlich depravierter Italiener konnte dies Meisterwerk der stillen Perversität erschaffen. Dem Bild haftet der Geruch Italiens so kräftig an, dass deutsche Herkunft sich unmöglich erweist.

So bleibt denn seine Abstammung zweifelhaft; ist jedoch der Name Dürer nicht überzeugend, so ist darum der Name Veneziano ebensowenig gerechtfertigt. Wäre es darum nicht klüger gewesen, alles beim alten zu belassen und die Anonymität, von der heute die deutsche Klassifizierungssucht nichts wissen will, zu respektieren?

Doch tragen diese Erörterungen nichts dazu bei, uns die Bedeutung dieser Gestalt verständlicher zu machen. Was sollen der Buchskranz und die Blumen? Haben sie eine besondere Bedeutung? Lassen sie uns die Absichten des Malers erraten? Nein, denn in diesem Falle kommt uns der Symbolismus nicht zu Hilfe. Die Buchszweige, die in so sonderbarer Weise den Turban umschlingen, geben keinerlei brauchbare Anhaltspunkte durch die Allegorien, die sie ausdrücken könnten. Die Heiden weihten den Buchsstrauch der Kybele, weil er zur Anfertigung von Flöten verwendet wurde, deren kreischende Töne die Feste dieser Göttin begleiteten, und für die Christenheit versinnbildlicht er teils die Immergrüne des aufrichtigen Glaubens, teils auch die Reichen und die Heiligen.

Auch diese Erklärungen bringen uns nicht vorwärts, und mit den Blumen ergeht es uns ebenso. Die Anemone verkörpert die Madonna, die Margarite stellt die Keuschheit dar und die Akelei bedeutet in der volkstümlichen Blumensprache Narrheit wegen der Ähnlichkeit ihrer Blüte mit der Narrenkappe.

Wir können noch hinzufügen, dass die Eigenschaften dieser Pflanzen uns zu keinerlei Schlussfolgerung führen;

die Margarite ist vollkommen unschädlich, der hautrötende Saft der Anemone hat in die moderne Pharmazeutik Aufnahme gefunden, und die Akelei ist im Rezeptuar der Homöopathen zu finden. Diese Pflanzen sind tatsächlich nicht giftig und stellen in der gegebenen Vereinigung weder ein Wahrzeichen der Gefahr dar, noch belehren sie uns über die Absichten jener, die sie darbietet.

Wir dürfen nach all dem die Lösung des Rätsels also nicht in Einzelheiten, sondern müssen sie im Gesamteindruck des Bildes suchen. Gelingt uns dies? Nein, ebensowenig. Prüft und studiert man dieses Antlitz in der Nähe, so kommt man auf den Gedanken, es mit einer Sibylle in Zusammenhang zu bringen, denn ihr Kopfputz gemahnt tatsächlich an Bildnisse dieser Prophetinnen. Wäre der Kranz aus Verbenen oder Efeu, so könnte man annehmen, es handle sich um das Abbild einer jungen Hexe, doch das Frankfurter Zwitterding hat noch weit mehr von einer Theaterprinzessin oder Kurtisane an sich. Ihr Signalement ist widerspruchsvoll und straft sich Lügen, alle Versuche, ihre Identität festzustellen, sind fruchtlos. Und gerade dieser Umstand ist's, der uns ermächtigt, uns vor ihrem Bilde Träumereien hinzugeben und in phantastischem Nachspüren zu schwelgen.

Eines ist gewiss und zwar, dass sie während der Renaissance-Epoche in jenem Italien lebte, das damals der Trog aller Wollüste, der Kessel aller Verbrechen war; der Zustand der winzigen Provinzen, die von Despoten beherrscht wurden, deren Sadismus sich in liebestollen Martern auslebte, war fürchterlich; alle befehdeten sich, plünderten mit ihren Kondottieritruppen die Städte und das flache Land, doch der Triumph der Niedertracht, die Apotheose der Schmach wurde im Vatikan gefeiert.

Schändliche Päpste folgten einander. Im Kelch, der bei der Papstwahl zur Aufnahme der Wahlzettel diente, verwandelte sich der Mensch, dessen Name aus ihm hervorging, in einen wahren Teufel. Es war eine durch die Stimme des Konklaves bewirkte Transsubstantiation, eine schwarze Messe ganz besonderer Art, das Hochamt der Simonie. Sixtus IV. und Innozenz VIII. setzten die Welt durch ihre Schelmenstreiche und Missetaten in Erstaunen, doch beim Tode des letzteren brachen die vereinten Kräfte der alten Hölle los. Durch Kabalen und Geschacher wurde Rodrigo Borgia gewählt, der unter dem Namen Alexander VI. wie das Urbild des Satans über Rom thronte. Man hätte an die Inkarnation eines Gegen-Messias, an die Geburt eines Antichrist glauben können.

Und nun sind wir höchstwahrscheinlich bei dem Zeitpunkt, in welchem das Frankfurter Bild gemalt wurde, angelangt; es ist ein Zeitgenosse der Werke von Botticelli, Fra Filippo, Ghirlandajo und Perugino. Es war damals schon geraume Zeit seit dem Verfall der wahrhaft mystischen Kunst verstrichen. Die Renaissance hatte die christliche Inspiration durch die sinnlichen Vorstellungen des Heidentumes ersetzt. Der Sprung nach rückwärts umfasste sowohl Kunst als Sitten. An Stelle der oftmals rohen Ausbrüche, der kurzen und flüchtigen Sühnen, des jugendlichen Glaubens, der Inbrunst der grossen Kinder, der schlichten Seelen des Mittelalters war lauernder, böswilliger Ingrimm, der Wunsch, andere leiden zu lassen und das Verlangen nach langvorbereiteter und langsam genossener Rache getreten. Auch die Liebe erschien langweilig, wenn sie natürlich blieb und die erlaubten Grenzen der Blutsverwandtschaft nicht überschritt, und selbst dann musste sie, um erhöhte Schmackhaftigkeit zu erlangen, mit Giftlauge und Blutsauce gebeizt werden. Die Schändlichkeit Italiens hatte sich gesteigert, indem sie sich verfeinerte. Was Gott anbelangt, so blieb er weiterbestehen, um dem Papst eine Daseinsberechtigung zu geben. Er zählte nur noch bei den Zeremonien der Kirche, die zur Aufrechterhaltung des erschütterten päpstlichen Prestiges dienten, mit. Sicherlich hätte Jesus sich in Rom in den Konsistorien der Kardinäle oftmals noch in Jerusalem, im Synedrium der Hohenpriester und Schriftgelehrten wähnen können. Da sie ihn nicht nochmals ans Kreuz schlagen konnten, rächten sie sich tatsächlich am reinen Fleische der Hostie, indem sie, von ihren Morden und Orgien kommend, unwürdige Messopfer darbrachten.

Kurz gesagt, es war mit der Renaissance eine neue Welt aus den aufs neue hervorgezogenen Windeln des alten Rom hervorgegangen, und die Päpste, die an Vergils Bucoliken und Horazens freien Scherzen mehr Gefallen fanden, als an den Hymnen ihres Breviers, bestellten Bilder, welche die anstössigsten Verquickungen von Venus und Madonna, Amoretten und Engeln darstellten; die Mythologie vermischte sich mit der Bibel. Botticellis Venus im Berliner Museum zeigt, um nur ein Beispiel hervorzuheben, den gleichen Gesichtsausdruck, sie hat denselben schmachtenden und schmerzlichen Zug wie seine Madonnen; es ist dasselbe Weib, dasselbe Modell hat ihm für die Gottesmutter und für Jupiterleins Tochter gedient; seine Engel sind zweideutige Pagen, wie sie Papst Alexander VI. liebte. All das ist köstliche, doch wissentlich perverse Kunst, deren Anmut einen Nachgeschmack in unserer Seele hinterlässt, der etwas von dem herb-süssen Geschmack an sich hat, den die Cantarella, das Nachfolgepülverchen der Päpste, im Munde zurückliess.

Wenn ich vor diesem Frankfurter Mädelchen, das so bereit scheint, kalten Blutes Böses zu tun, meinen Träumereien nachhänge, muss ich unwillkürlich an Alexander VI., an diesen Spanier denken, von dessen zahlreichen Kindern eines aus seiner Vereinigung mit Lucrezia Borgia, seiner eigenen Tochter, hervorgegangen ist. Er war wissenschaftlich wenig gebildet, dafür entsetzlich ausschweifend; er war verbrecherisch und böswillig, geizig und grausam, und er setzte der Niedertracht seiner Regierung noch die Krone auf, indem er den einzigen, wahrhaft bewunderungswerten Mann seiner Zeit, den Mönch Savonarola, verbrennen liess.

Er liess nichts zu wünschen übrig, und wenn ich ihn in Gedanken betrachte und seiner Lebensführung gedenke, da wird das Bildnis dieses jungen Mädchens für mich lebendig und verständlich. Mangels an Dokumenten dient mir eine Einzelheit, ich meine das Haar, das auf diesem Bilde so ganz besonders behandelt ist, dazu, mir einzubilden, dass ich sie erkenne. Drei Jahre, ehe er die Tiara aufsetzte, ward Alexander Borgia, damals Erzbischof von Valencia, seiner alten Geliebten Vanozza Catanei überdrüssig, und, fast sechzig Jahre alt, verliebte er sich in ein fünfzehnjähriges Kind, Giulia Farnese, genannt Giulia la bella, die wegen der Pracht ihres Goldhaares in ganz Italien berühmt war; der Bruder des jungen Mädchens betätigte sich als Kuppler, erhielt dafür den Kardinalshut, bestieg später den Stuhl Petri, regierte unter dem Namen Paul III. und war Vater eines Sohnes, dessen Niedertracht beinahe jener des Unmenschen Cesare Borgia, des Sohnes Alexanders VI., gleichkam.

Wie war nun das Leben dieser Giulia, die einem berühmten Geschlecht entstammte und das politische Glück der Farneses begründete? Sie ist wie Vanozza, deren verwelkte Reize sie im Bette des Papstes ersetzte, im Hintergrund der Geschichtsbühne geblieben. Vielleicht liebte sie diesen Greis, dessen widerliches Bildnis Pinturicchio gemalt hat. Man stelle sich einen eiförmigen Schädel vor, an dem statt der Ohren zwei Kalbsschnitzel sitzen; zwischen den sackförmigen Wangen ragt eine dicke, gekrümmte Nase, die durch tiefeingegrabene Falten mit einem Schweinsmaul verbunden wird, hervor — so hat man den Mann! Er war wohl für ein Weib nicht besonders appetitlich, trotzdem wirkten sein hoher Wuchs und seine Kraft imponierend. Das Alter hatte sein Blut erkältet, doch erhitzte er es durch Reizmittel, peitschte es mit gepfeffertem Kürbis und scharfgewürztem Wildpret, mit safran- und ingwerübersättigten Speisen auf, die er mit den vulkanischen Weinen Italiens oder den trockenen Weinen Spaniens hinunterspülte. Dies waren tatsächlich seine Lieblingsspeisen und Getränke, und die Erregung des durch Aphrodisiaka genährten Körpers sprach aus seinen Augen, deren schwarzes Feuer die Weiber entflammte.

Man weiss, dass Giulia, die Rolle eines Bischofs spielend, mit Lukrezia neben dem Papst den feierlichen Zeremonien der Kirche präsidierte — auf der einen Seite das Konkubinat, auf der anderen die Blutschande! Auch nach dem Gottesdienst nahm sie an den Priapeen, an jenen Festmählern teil, bei welchen dieser Satanspriester nackten Kurtisanen Kastanien zuwarf, damit diese sich beim Auflesen im Schein der brennenden Fackeln, die auf den Marmorfliesen standen, bücken mussten. Sie selbst konnte mit ihrem knabenhaften Körper Täuschungen vorspiegeln und, obwohl sie Weib war, Abwechslung in das Menü des Papstes bringen.

Man kann sich unschwer die Fäulnis dieser Seele vergegenwärtigen, sich die kalte Abgefeimtheit vorstellen, deren sie sich bedienen musste, um an diesem Hofe lavieren zu können, an dem man jedesmal, wenn man sich zu Tische begab, sein Leben aufs Spiel setzte, und wo Cesare Borgia sogar in den Armen seines Vaters Günstlinge desselben, die ihm unbequem geworden, oder an denen er einfach kein Gefallen mehr fand, umbrachte.

Auf jeden Fall war Giulias Leben, ebenso wie das ihres Herrn und Gebieters, ein sehr bewegtes. Als Karl VIII. den Kirchenstaat besetzte, floh sie, wurde aber mit ihrem Gefolge von französischen Truppen in der Nähe von Viterbo gefangen genommen; doch der König der Franzosen, dessen Sinne zwar vor dem Ungestüm italienischer Schönheit erbebten, wagte es dennoch nicht, sie zu sehen und gab sie dem Papst für ein Lösegeld wieder. Das Mädchen mit dem Goldhaar erschreckte die Laster dieses Wüstlings.

Ist sie's, deren Bild wir in Frankfurt sehen? Nichts beweist es, und wäre nicht dies ganz besondere Haar und das zwischen ihren Brüsten hängende Bischofskreuz, man müsste zugeben, dass keinerlei Grund, dies Bild für ein Porträt der jungen Maitresse des alten Papstes zu halten, vorhanden ist. Wer sie auch sei, sie hat dennoch die Seele einer Giulia und ist ihr mehr oder minder nahe verwandt durch ihren nichts Gutes verkündenden, misstrauischen Gesichtsausdruck, durch ihren grazilen Körper und ihre kleinen Brüste; sie ist reizend und gefährlich, sie strömt den giftigen Duft der Pflanzen mit grünen Blüten aus; sie hat etwas von Mördergrube und Giftmischerhöhle an sich. Mit ihren so glasklaren Augensternen und dem bösartig verkniffenen Mäulchen erscheint sie uns wie eine Circe, die den von ihr herausgeforderten Liebhabern nur zwei Möglichkeiten offen lässt: den Stall oder das Grab.

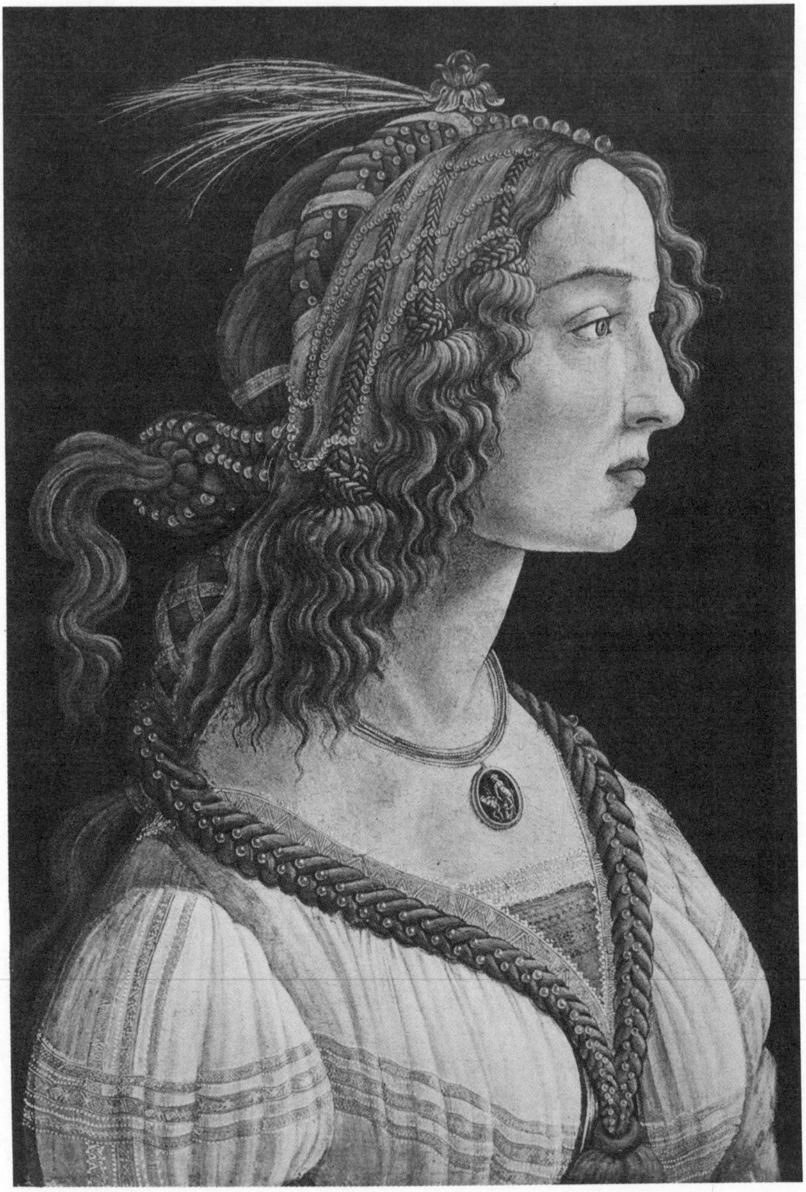

Botticelli: ***Simonetta Vespucci***

Im selben Saale hängt an der Nachbarwand ein berühmtes Bild Botticellis, das mit dem Namen der Simonetta Vespucci, der Geliebten Giulianos de' Medici, bezeichnet wird: dies übrigens sehr schöne Bild erscheint schal, mittelmässig und ohne Leben, wenn wir es mit jenem anderen vergleichen.

Trotz ihrer prächtigen Gewandung, ihren von Perlenschnüren und rosenfarbenen Bändern umwundenen und mit einem Reiherbusch geschmückten Haaren, trotz der Lieblichkeit ihres Gesichtes mit der freigelegten Stirn, den grossen Augen, dem sinnlichen Mund und der langen Nase, die, würde sie sich nicht an der Spitze ein klein wenig aufstülpen, eine richtige Römernase wäre, liegt in Simonettas Gesichtsausdruck etwas scheu Verstörtes, ja Dummes; sie ist schön, doch leer, worin sie übrigens die würdige Genossin des eitlen und gezierten Giuliano ist, den uns ein Bild des Berliner Museums in der äusseren Aufmachung eines Franz I. von ausserordentlicher Gekkenhaftigkeit und von einer, ganz besonderer Dummheit entspringenden, anmassenden Selbstgefälligkeit zeigt.

Simonetta — wenn wir annehmen, dass sie es ist, denn man kann daran zweifeln, da ein anderes Porträt des Berliner Museums, das sie gleichfalls im Profil darstellt, keinerlei Ähnlichkeit mit dieser aufweist — wirkt in Gegenwart des anonymen Mägdleins von Frankfurt wie eine hausbackene spiessbürgerliche Dame ohne Phosphor und Kanthariden; sie hat selbst nichts von der Glut der Schwindsüchtigen, die sie bei Lebzeiten gewesen ist, denn sie ist fett und weichlich, und das Feuer ihrer Augen ist lau.

Rekapitulieren wir nun die Angaben des ausführlichen Lasterkatalogs, den uns das Bild des Staedelschen Institutes enthüllt, so können wir zu dem Schlusse kommen, dass die Pseudo-Giulia allein die ganze Unbändigkeit der Wollust und Frevelhaftigkeit der Renaissance in sich vereint. Dies Geschöpf, das, ich wiederhole es nochmals, teils Sibylle, teils Hexe, teils Kurtisane und Bajadere ist, konzentriert in ihrer Haltung und in ihrem Blick die höllischen Machenschaften der italienischen Fürsten und des heidnischen Rom der Päpste. Sie ist tatsächlich mehr als irgendein Weib, mehr noch als die trügerische Päpstin Johanna, die Verkörperung eines weiblichen Apostels, zu der Luzifer, das Evangelium parodierend, dreimal gesagt hat: „Weide meine Böcke!" Sie ist's, die bei den Versammlungen der simonietreibenden Kardinäle anwesend war — der Geist des Bösen! Sie ist ein Symbol und zwar das Symbol der Schmach des Papsttums, das nach Frankfurt in eben die Stadt verschlagen wurde, die heute das Jagdrecht auf die Kirche in die Hände der Juden gelegt hat.

Nach dieser Teufelin, welche der Vergessenheit durch die unermessliche Begabung eines Unbekannten entrissen wurde, der auf einer viereckigen Holztafel die satanischen Verführungskünste einer uralten Spukgestalt festgebannt hat, leuchtet uns die ebenfalls in hellen Tönen gehaltene Madonna des Meisters von Flémalle von der benachbarten Scheidewand eines anderen Saales entgegen.

Auch hier stehen wir vor etwas Aussergewöhnlichem; wir stehen vor einem Werk, das über das, was man eigentlich unter Malerei versteht, hinausgeht, das im Gegensatz zu der kleinen florentinischen Teufelin uns in jenes göttliche Jenseits versetzt, das so wenig Malern zugänglich war. Die Kunstkritik hat bei ihr fast nichts mehr zu suchen; die Madonna hebt uns vor allem in das Reich der Liturgie und Mystik empor. Ihr Platz wäre nur in einer Kirche, und ein Betpult zum Niederknien müsste vor ihr stehen; in der Tat hat man, wenn man sie betrachtet, viel eher das Verlangen, die Hände zu falten, als Notizen zu machen!

Doch wer ist vor allen Dingen dieser Meister von Flémalle, von dem ich bereits, anlässlich einer Geburt Christi des Museums von Dijon, in „l'Oblat" gesprochen habe?

Es ist einige Jahre her, seit einige Forscher, unter ihnen Hugo v. Tschudi, Direktor der Berliner Nationalgalerie, zu dem Schlusse kamen, dass ein vlämischer Maler von ganz besonderer Eigenart gleichzeitig mit Rogier v. d. Weyden, unter dessen Namen seine Werke katalogisiert wurden, in Tournai gelebt habe. Tschudi verglich verschiedene Bilder dieses Unbekannten, die teils in Privatsammlungen, teils in die Museen von Brüssel, Berlin und Dijon eingereiht sind, miteinander, und es gelang ihm, ihre nahe Verwandtschaft mit zwei Flügeln eines verlorengegangenen Altarschreines festzustellen; diese beiden, im Staedelschen Institut untergebrachten Flügel, die aus dem Hause der Ritter vom heiligen Grabe in Flémalle bei Lüttich stammen, stellen eine heilige Veronika und eine Madonna dar.

Tschudi benannte nun den Schöpfer der verschiedenen Bilder nach diesem Orte; bis dahin hatte er Meister von Mérode geheissen, wegen eines ihm zugeschriebenen Verkündigungsbildes, das sich in der Sammlung der Gräfin Mérode in Brüssel befand, und diese neue Benennung hat den Sieg davongetragen.

Es erscheint mir ganz zweifellos, dass der Meister von Flémalle nicht, wie Firmenich-Richartz, ein anderer deutscher Kunsthistoriker, es behauptet, mit dem jungen Rogier v. d. Weyden identisch ist. Trotz gewisser Ähnlichkeiten, die übrigens bei allen Malern dieser Zeit herausgefunden werden können, sind andererseits die Verschiedenheiten so gross, dass sie sich uns allen gegenteiligen Behauptungen zum Trotz aufdrängen.

Ausser einem ganz besonderen Madonnatypus und einem etwas aufgeweckteren und weniger schwächlichen und mageren Jesuskind, als die von Rogier v. d. Weyden, genügen gewisse weisse, blaue und graue Farbtöne, die Sicherheit der Zeichnung, die sich der allzu willkürlichen Verlängerung der Körper und der allzu grossen Steifheit der Konturen widersetzt, kleine typische Einzelheiten, wie z. B. der orientalische Kopfputz seiner Frauen und die Absonderlichkeit seiner Aureolen, um ihn ganz abgesondert von seinen Zeitgenossen einreihen zu dürfen.

Doch wer ist er? Aus den von Georges Hulin, Professor

der Universität Gent, angestellten Nachforschungen könnte man entnehmen, dass der Meister von Flémalle ein Maler namens Jacques Daret [2] gewesen ist, der zugleich mit Rogier v. d. Weyden Schüler des Tournaier Meisters Robert Campin [3] war.

Wie ich in „l'Oblat" ausgeführt habe, wäre dieser Jacques Daret, über den man so gut wie keine gültigen Auskünfte besitzt, an den Dekorationen zum Feste des Goldenen Vlieses und an jenen zur Hochzeit Karls des Kühnen (von Burgund) beschäftigt gewesen, wobei er für seine Arbeiten an den *entremets* zwischen den einzelnen Gängen der Festtafel 24 Sous per Tag verdiente. Er hatte einen Bruder, namens David, der ebenfalls Maler und, wie er, aus Tournai gebürtig war; dieser war Jacques' Schüler und erhielt im Jahre 1449 den Titel eines Malers und Kammerdieners Philipps des Guten. Wenn wir nun nach Angabe des Kanonikus Dehaisnes hinzufügen, dass Jacques Daret im Jahre 1432 in Tournai das Meisterrecht erhielt und gleich am Tage seiner Aufnahme in die Zunft zum Vorsteher ernannt wurde, und wenn wir der Feststellung Georges Hulins Erwähnung tun, dass er Gobelinkartons für Jean du Clercq, Abt von Saint-Vaast zeichnete und ein Atelier für Miniaturmalerei unterhielt, in welches 1438 ein Schüler namens Eluthère Du Pret aufgenommen wurde, so haben wir, glaube ich, das Gesamtergebnis der wichtigsten, über ihn gesammelten Aufklärungen beisammen; denn ich bin nicht der Ansicht, dass wir auf die phantastischen Behauptungen Bouchots im Katalog zur Ausstellung der französischen primitiven Meister im Pavillon Marsan näher eingehen müssen.

Da er um jeden Preis primitive französische Meister erdichten will, behauptet er, ohne übrigens irgendeinen Beweis zu erbringen, dass der Meister von Flémalle von der Schule von Arras ausgegangen sei; er fügt auch noch hinzu, dass dieser unter dem Einfluss der französischen Meister gestanden habe, dass er zwischen 1425 und 1450 in der Grafschaft Artois gelebt habe und sogar nach Paris gekommen sei.

Man fragt sich, an welchen französischen Künstlern, die ja um diese Zeit Schüler oder Nachahmer der Vlamen und Italiener waren, der Meister von Flémalle sich wohl inspirieren konnte? Und Bouchot antwortet: an den Miniaturenmalern, welche die gegenwärtig im Museum von Chantilly befindlichen *très riches heures* des Herzogs von Berry illustrierten!

Doch hat Leopold Delisle, wenn ich nicht irre, bewiesen, dass die meisten Miniaturen dieses Manuskriptes von Pol v. Limburg und seinen Brüdern herrühren, und ich sehe nicht recht ein, was die französische Kunst mit den Brüdern aus Limburg, die nicht Franzosen, sondern Niederländer waren, zu schaffen hätte!

Doch lassen wir diese vaterlandsschwärmerischen Marotten! Wenn die Identität Jacques Darets mit dem Meister von Flémalle richtig ist, was wir immerhin bis auf weiteres und in Ermanglung unbedingter Gewissheit annehmen können; denn sie wird im Katalog der primitiven

Meister in Brügge durch James Weale anerkannt, dessen Arbeiten über die niederländischen Primitiven gegenwärtig die sichersten sind, dann müssen wir zugeben, dass die Ähnlichkeiten, welche die Werke von Rogier v. d. Weyden mit jenen Jacques Darets zeigen, sich leicht erklären lassen; denn beide haben den Unterricht desselben Meisters genossen und haben die gleichen Bilder nach bestimmten Angaben und gleichem Verfahren ausgeführt.

Es bliebe noch zu wissen übrig, was einer und der andere wohl von dem gemeinsamen Lehrer entlehnt haben mag, doch hiefür fehlen uns Anhaltspunkte und Beweise, da kein einziges Bild dieses Robert Campin erhalten geblieben ist. Wir wissen nur aus den Registern der Skt. Lukas-Brüderschaft in Tournai, dass er einen Reliquienschrein gemalt und geschnitzt hat und zwar im Jahre 1425, im selben Jahre, da Rogier v. d. Weyden als Schüler in seine Werkstatt eintrat. 1432 wurde er auf ein Jahr aus besagter Stadt verbannt, da er, wie das Urteil ausführt, „als Ehemann seit langer Zeit ein lüderliches und anstössiges Leben mit Laurentia Polette führte".

Können wir wenigstens annehmen, dass die sich uns aufdrängende Ähnlichkeit gewisser Gestalten Rogier v. d. Weydens und Darets auf der Wiedergabe von Typen beruht, die ihr Meister ersonnen? Es wäre leicht möglich. Zu jener Zeit gab es noch kein Plagiat unter Leuten, die sich selbst als Handwerker betrachteten; man lieh sich ganz selbstverständlich eine Gestalt, die gefallen hatte, aus. Zum Beweis diene, dass Memling den Skt. Joseph vom Bilde der „Geburt Christi" des Berliner Museums in kaum variierter Weise in seine „Anbetung der Könige" im Skt. Johannes-Hospital von Brügge übernommen hat, und dass man diesen mit dem gleichen Gesicht, in derselben Stellung, mit derselben, eine Kerze schützenden Handbewegung, auf der „Geburt Christi" des Meisters von Flémalle in Dijon wiederfindet. Dass Memling Rogier v. d. Weyden nachahmte, dessen Schüler er war, ist leicht begreiflich, aber von wem haben v. d. Weyden und Jacques Daret ihren heiligen Joseph hergenommen? Haben sie ihn einer vom anderen oder beide von ihrem Meister Robert Campin kopiert?

Diese Rätsel sind um so unlösbarer, als man, stünde es fest, dass dieser Heiligentypus von Campin herstammt, sich fragen müsste, ob dieser ihn nicht seinerseits von seinem Lehrer übernommen, der selbst ihn wiederum von einem anderen abgeschaut haben könnte, usf.

So können wir diese Tatsache nur anführen, um damit zu beweisen, wie schwierig es ist, über die Werke primitiver Meister zu urteilen und auf Grund der Stellungen und Physiognomien gewisser Gestalten Bilder diesem oder jenem Maler zuzuschreiben.

Diese Bemerkung ist, wie ich glaube, da wir vom Meister von Flémalle sprechen, nicht wertlos; seitdem er entdeckt wurde, werden ihm all die herrenlosen Bildflügel und verwaisten Altarbilder Flanderns zugeschrieben; seine Vaterschaften nehmen einen mehr als berechtigten Umfang an, und es wird notwendig, misstrauisch zu sein.

Darum übergehe ich eine ganze Serie mehr oder minder anerkannter Werke und sogar die Kreuzabnahme des Königlichen Museums in Liverpool, welche auf der Brügger Ausstellung zu sehen war und tatsächlich nur ein kaltes Malwerk mit scharf abgesetzten Konturen ist, und verweile nur bei jenen seiner Werke, die wegen des Madonnentypus, wegen gewisser, besonderer Einzelheiten und besonders wegen der ausdrucksvollen Linienführung der Zeichnung mir unbedingt authentisch erscheinen.

Halte ich mich nun an die eigenartige Madonna der Somzéeschen Sammlung*), deren knochiges, im unteren Teile kurzes Gesicht nur aus Stirn und Nase zu bestehen scheint, an die köstliche Madonna des Aixer Museums, die ihr ähnelt, obwohl sie jünger und schöner ist und jener megakephalen Merkmale entbehrt, und an das Dijoner Bild, auf welchem ich die Gesichtszüge und die Haube der Frankfurter Veronika wiederfinde, so muss ich mir sagen, dass die Madonna des Staedelschen Institutes, trotzdem sie offenbar von demselben Künstler herrührt, von seinen übrigen Werken vollkommen verschieden ist.

Sie ist von den anderen weniger vom Gesichtspunkt der Ausführung und Kunst, als von jenem der Frömmigkeit und der Seele verschieden. Zwischen der ihr Kind säugenden Madonna der Somzéeschen Sammlung und jener ebenfalls ihr Kind säugenden Madonna von Frank-

*) Diese Madonna, die sich jetzt im Besitze des Herrn Georg Salting befindet, war auf der Ausstellung der primitiven Meister in Brügge und Paris zu sehen.

furt gähnt eine so tiefe Kluft, dass man gar manches übersehen musste, um sie auszufüllen. Offen gesagt, besteht zwischen diesen beiden Madonnen der gleiche Unterschied, der sich uns zwischen einer frommen, reichen Matrone, die stolz darauf ist, in ihrer Pfarrkirche ein auserlesenes Betpult innezuhaben und einer Heiligen, die in einem Kloster ein in Gott vertieftes Leben führt, aufdrängt.

Bis dahin erschienen mir seine Madonnen nur als prunkliebende, vlämische Bürgersfrauen, die Vornehmheit mimen und sich vor dem Beschauer stets selbst beobachten; ihr Bestreben, die Aufmerksamkeit auf sich zu lenken, wirkte auf mich wie Ziererei und Zwang, sie waren für mich reizend-heuchlerische Malerei, zarte manierierte Kunst, aber im ganzen genommen eben doch nur Malerei.

Hier ist nun alles anders. Dieser Maler, der als Mystiker so tief unter Rogier v. d. Weyden stand, steht plötzlich dicht neben, ja beinahe sogar über ihm. All die göttlichen Eigenschaften der Kunst, die sich nicht erlernen lassen, die ausserhalb und hoch über Farben und Linien stehen, das Fluidum des Gebets, die Ausstrahlungen einer geläuterten Seele, die auf einem Eichenflügel festgehalten werden — weiss man warum, so weiss man doch nicht wie dies geschieht — sie quellen plötzlich aus dem vereinsamten Frankfurter Flügel hervor.

Das ist nicht mehr der emsige und absonderliche, steife und fromme Jacques Daret, es ist ein anderer, im Marke seiner Seele ergriffener Mann, den die Glut seiner Wünsche über sich selbst hinaus, auf den Gipfel der Mystik mitten in den Himmel emporträgt.

Ward er, ehe er dies Altarbild begann, durch innere Leiden geläutert, hat er in seinem Innersten das geheime Wirken der Sakramente empfunden? Niemand weiss es! Gewiss ist nur, dass seine Kunst, die bis dahin und vielleicht auch in der Folge an die Erde gebannt war, sich in die Höhen emporschwang; man kann beinahe den Flug dieser Seele verfolgen, deren Abbild uns im Spiegel seines Werkes erhalten blieb.

Und tatsächlich bedurfte es, um das in seiner Art einzige Bild hervorzubringen, des Einflusses dieser göttlichen Gnade, denn noch nie hatte die göttliche Mutterschaft diese ungezwungene und vertraute Grösse erreicht; nie zuvor hatte ein Maler, während Christus noch ein Kind ist, das Leid seiner, einer gefürchteten Zukunft, einer Zukunft, die sie kennt, harrenden Mutter schmerzlicher und zarter ausgedrückt. Es ist wie das *Stabat mater* der Kindheit.

In natürlicher Gestalt stehend, hebt sich diese Madonna aus dem Rahmen und von dem beinahe japanischen Hintergrund eines hellzinnoberroten, bestickten Wandbehanges ab. Da leuchten mattgoldene Seesterne aus Kreisumrandungen heraus, da sind Fabeltiere mit gescheckten Körpern und fast menschlichen Gesichtern, mit krallenbewachsenen Pranken und mit Köpfen, die statt der Hörner kleine Wurzeln tragen, Tiere, die aus Kreuzungen von wilden Bestien und Wiederkäuern entsprungen, so etwas

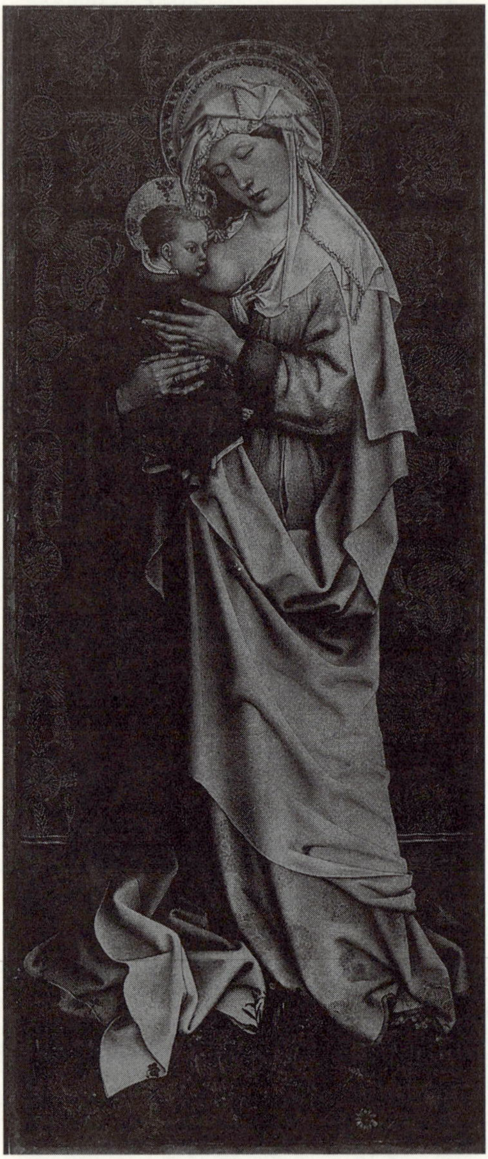

Meister von Flémalle: ***Maria mit Kind***

wie gefleckte Hippokentauern sind, Wappengetier, das aus der mittelalterlichen Zoologie und der Heraldik hervorgegangen ist.

Maria ist in einen weiten weissen, hie und da durch einen leichten Goldauftrag belebten Mantel gehüllt, unter welchem sie ein graues Gewand trägt. Ihr Kopfputz ist ziemlich eigenartig; unter den am Rande röhrenförmig gefalteten und mit kleinen Rüschen eingefassten Schleiern schlängelt sich eine starke, schraubenförmig gewundene Haarflechte hervor, deren wechselndes Blond stellenweise heller, dann wieder dunkler erscheint. Der Kopf ist von einem Heiligenschein umschlossen, der aber mit den sonderbaren Aureolen der Somzée-Madonna und jener aus Aix keine Ähnlichkeit zeigt, von denen die erstere eine weidengeflochtene Getreideschwinge, letztere eine Garbe von Goldstäben, die wie ein Pfauenrad gerundet ist, auf dem Kopfe trägt. Hier aber besteht der Heiligenschein ganz einfach aus einem edelsteinbesetzten, goldgetriebenen Reif.

Der Ausdruck von zurückgedämmtem Leid und verhaltener Zärtlichkeit in ihrem Gesicht ist unsagbar; die wie Knopflöcher eingeschnittenen Augen, mit den etwas hochgezogenen Winkeln sind zu Boden gerichtet; der frische Mund ist geschlossen, das reizende, rundliche Kinn durch ein Grübchen geteilt, doch alle Worte zerrinnen, niemand kann die anbetungswürdige Güte dieser Lippen, die trostlose Verzweiflung dieser grossen Augen ausdrükken.

Sie ist in keiner Weise unkörperlich, abgezehrt oder filigranartig, wie so viele andere Madonnen der Primitiven; sie ist fleischig und stark; sie ist auch kein junges Mädchen, sondern eine junge Mutter, und die milchgeschwellte Brust, an der das Kind saugt, versucht nicht, uns zu täuschen, die natürliche Beredsamkeit der Mutterschaft einzuschränken und sie auf die Einsilbigkeit der Jungfrauen und die elegante Bündigkeit neuer, frischer Reize zurückzuführen.

Sie ist ein echtes Weib, sehr hübsch, sehr vornehm, trotz der Derbheit ihrer Leibesbeschaffenheit, sehr patrizisch durch die Feinheit ihrer Züge und die schlanke Magerkeit ihrer langen Finger.

So hat der Maler dem Verfahren einer billigen Verdünnung kein Opfer gebracht, um den Begriff des Göttlichen wachzurufen, ist er den irdischen Verhältnissen der Konturen nicht ausgewichen und, trotzdem er der strengste Realist blieb, ist es ihm darum nicht minder gelungen, ein Weib zu malen, das, trüge es auch keinen Heiligenschein um sein Haupt und kein aureolengeschmücktes Kind in den Armen, doch keine andere sein könnte als die jungfräuliche Mutter, als die Miterlöserin eines Gottes.

Wahrlich, es schien, nach dem wunderbaren Rogier v. d. Weyden, dessen Madonna auf der Berliner „Geburt Christi", und dessen betende Madonna auf dem Polyptychon des Hospitals von Beaune wahrhaft himmlische Wesen sind, als sei alles schon gesagt und die mystische Malerei für ewige Zeiten auf Wiederholungen beschränkt, ohne sich durch einen Flügelschlag noch höher aufschwingen zu können; doch nein, hier schwebt sie vielleicht in noch höheren Regionen. In jedem Falle offenbart sich uns dieselbe übernatürliche Grösse, die aber, wenn möglich, durch grössere Schlichtheit und geringere Anstrengungen erreicht wird. Die melancholische Anmut Memlingscher Madonnen setzt ebenfalls eine, auf der Bahn der Vollkommenheit vorgerückte Künstlerseele voraus, doch erscheint mir dieser im Vergleich weibischer und in seiner Frömmigkeit, wenn ich mich so ausdrücken darf, raffinierter und durchtriebener zu sein und auch mehr Kniffe anzuwenden als jener.

Und das Sonderbare ist, dass in seinen anderen Werken gerade der Meister von Flémalle es ist, den man viel mehr noch als Memling und besonders als v. d. Weyden der Manieriertheit und Berechnung beschuldigen könnte! Wahr ist aber, dass dies Frankfurter Bild uns einer besonderen, abgesonderten Erscheinung gegenüberstellt, uns in einen kaum bekannten Kreis bringt, und dass eben diese Madonna sich mehr als die der Somzéeschen Sammlung und jene der Museen von Aix und Dijon den Madonnen Rogiers v. d. Weyden nähert. Ist es darum nicht unvorsichtig, diese Maler untereinander zu vergleichen und Schlussfolgerungen zu ziehen?

Doch in welchem Augenblick ihres Lebens hat der Maler diese Madonna und dies reizende, aufgeweckte Kind im langen, blauen Kleide gemalt, das, weil es ein

Geräusch vernimmt, zu trinken aufhört, während die Mutter es fester gegen ihren Schoss drückt, als kenne sie die Bedeutung dieses Zukunftsaufruhrs, dem das Kind lauscht?

Marias grenzenlose Traurigkeit ist jene der Madonnen der schmerzensreichen Mysterien. Ich meine die schmerzensreichen Mysterien der Kindheit Christi und derer zählt man drei: Simeons Prophezeiung, die Flucht nach Ägypten und die dreitägige Abwesenheit, von der das Evangelium Lukas berichtet.

Doch in dem Augenblick, in dem wir uns hier befinden, ist Jesus bereits alt genug, dass Simeons Besuch seit einiger Zeit als vollzogene Tatsache gelten kann; indes ist er noch nicht gross genug, um allein seines Weges zu gehen und drei Tage hindurch im Tempel zu predigen, und so wird uns der Vorwurf des Bildes klar: der Meister von Flémalle hat den Augenblick gewählt, welcher der Flucht nach Ägypten vorausging. Vielleicht befindet sich Joachims Tochter noch in der Grotte, die uns die Legenden des Mittelalters schildern; da sollen die Wände mit prächtigen Wandbehängen, welche die heiligen drei Könige hinterlassen hatten, und der Boden, wie auf unserem Bilde mit Massliebchen und Veilchenpolstern, mit einem richtigen Teppich von zarten Blumen bedeckt gewesen sein.

Sicher ist aber, dass die Madonna, da sie ihren Sohn so eng an sich schliesst, an die Zukunft denkt, deren Herannahen sie mit Verzweiflung erfüllt.

Sie war in der Tat diejenige, die in jeder Lebensstunde

die Katastrophe erwartete; sie lebte im Banne dieser fixen Idee, und die Erwartung eines Unglückes, das man unabwendbar weiss, muss wohl eine der entsetzlichsten Qualen sein, die ein menschliches Wesen erdulden kann, da sie unserer Mutter auferlegt wurde; sie fand während dieses Martyriums keinen Augenblick der Ruhe. Als das Opfer am Kalvarienberg erfüllt war, wandelte sie den harten Tränenpfad; sie musste hienieden noch warten, bis es dem Tode endlich genehm war, sie mit ihrem Sohn zu vereinen.

Wäre nicht „Unsere liebe Frau von der Erwartung" der richtige Name dieses Bildes? Sieht sie nicht auf diesem Frankfurter Bilde, da das Leben Jesu sich noch kaum äussert, sein langsames Fortschreiten auf jenem Berge enden, auf dessen Gipfel der Baum mit den zwei Ästen steht, der all seiner anderen Zweige und aller Blätter beraubte Baum, an dessen Stammesmitte und Ende und an dessen zwei abgestorbenen Zweigenden aber dennoch Wundmalblumen und Blutgarben spriessen?

Wenn wir menschlich urteilen, litt Maria furchtbarste Qual, denn jede Begebenheit der Jugendzeit Christi vertiefte in ihr die Gewissheit des Unglückes, riss ihre Wunde aufs neue auf.

Selbst das Tischlergewerbe, das Joseph ausübte, schien danach angetan, sie ständig an ihr Leid zu erinnern; versuchte sich der kleine Jesus zu seiner Unterhaltung und aus Nachahmungstrieb im Einschlagen von Nägeln in Holz, dachte sie da nicht, dass dies Spiel sich eines Tages gegen ihn kehren würde, dass Nägel seine Füsse durchbohren und seine Hände durchdringen würden? Musste sich ihr nicht das Bild der am Kreuze ausgestreckten Arme aufdrängen, wenn Jesus, ihr entgegeneilend, diese weit öffnete, um sie zu umarmen? Denn es war ja dieselbe Gebärde. Konnte sie darum das Holz, das Joseph so willfährig war und ihnen ihren Unterhalt ermöglichte, als etwas Harmloses ansehen? Wusste sie doch, dass dies Holz, nachdem es im Paradies zu Evas Fehltritt beigetragen, sich wiederum mit der teuflischen Raserei der Juden verbinden würde, indem es als Marterwerkzeug für ihren zum Manne gereiften Sohn dienen sollte?

Wie sollte sie diese quälenden Gedanken verscheuchen, da sie ja die unerbittliche Prophezeiung Simeons nicht vergessen konnte?

Es ist unmöglich, dass sie gemartert durch die entsetzliche Unverrückbarkeit dieser Vorstellungen, nicht manchmal für sich und ihr Kind den Tag der Mannheit Christi und den Augenblick der furchtbaren Verfallsfrist herbeigewünscht hätte; denn sie wusste schliesslich, dass er nach dem Tode nicht mehr leiden konnte und, so demütig sie auch war, konnte ihr doch nicht verborgen sein, dass sie selbst, nachdem sie ihre Pflicht erfüllt, ihn auf ewig im Jenseits zur Rechten des Vaters, unserer Schmach und unserem Schmutz entrückt, selig-thronend und strahlend, besitzen würde.

Wünschte sie in dieser Weise aus Liebe das Ende herbei, so musste sie doch das Opfer täglich erneuern, geduldig und ergeben zusehen, wie das Kind für seine Henker heranwuchs.

Dieser so zärtlich schmerzbewegten Madonna kann man alle Qualen der Angst und des Bangens glauben.

Und welch ein Rätsel bietet auch noch ihre Verbannung hierher nach Frankfurt, in das einsame Museum einer Stadt, der die Gottesmutter ein Greuel ist! Nachdem man sie ihrer stillen Abtei in Flémalle entriss, wurde sie verkauft und an das Mainufer gebracht, wo sie im Bereich der Juden ihren pflichtmässigen schmerzvollen Aufenthalt fortsetzt. Sie lässt die beunruhigende Nachbarschaft der Florentinerin über sich ergehen und verherrlicht im Verein mit ihr das Staedelsche Institut, das dank der Anwesenheit dieser beiden in gewissem Sinne einzig dasteht; denn keine andere Sammlung enthüllt in solcher Weise die beiden Gegenpole der Seele, die beiden Gegenpole der Mystik, die beiden Extreme der Malerei, den Himmel und die Hölle der Kunst.

Und indem ich sie beide abwechselnd betrachte, bin ich wie von Versuchungen durchwühlt. Die Augen der Pseudo-Giulia entzünden in mir die Fackel meiner alten Laster, doch um wie vieles lieber bleibe ich trotz allem bei der Madonna; das *Ave Maria* floss von meinen Lippen, als der haarige Homunkulus, der die Säle hütet, und den mein zu langer Aufenthalt vor denselben Bildern beunruhigt, an mich herantritt und mir mitteilt, dass er photographische Reproduktionen der Bilder des Museums verkaufe. Gewiss, ich will die Madonna von Flémalle kaufen, doch da schüttelt der Mann geringschätzig den Kopf und sagt mir, dass sie nicht vorhanden sei, dass sie übrigens auch von niemand verlangt werde; dagegen bietet er mir Madonnen von Rubens und anderen Wurst- und Kaldaunenhändlern an, die Flanderns religiöse Schmach gewesen.

Ich ging; nun stehe ich wieder in der grossen Stadt, doch fehlt mir der Mut, um noch einmal auf ihren Plätzen und in ihren Gassen umherzuirren; auch der zoologische Garten bietet nichts, was mich in Erstaunen setzen könnte, und was den Stil der Grossen Oper anlangt, so pfeif' ich auf ihn. Ich suche den einzigen Ort, an dem ich in Frieden noch an die Madonna von Flémalle denken kann, auf — ich gehe in die Kirche.

Es ist Nacht geworden, die Gewölbe verschwimmen ineinander, die Säulen werden undeutlich. Einige herabhängende rote Ampeln durchbrechen die Finsternis der Decke. Ach, welche Entspannung fühlt man in diesem vereinsamten Dom, wie beredt und sanft ist seine Stille! Ich vergesse Frankfurt. Ich bin bei Gott, wie in Paris. Kaum dass hie und da ein Weib, dessen Züge man nicht unterscheiden kann, vorübergeht und niederkniend, den Schatten des Bodens einen noch schwärzeren Fleck hinzufügt; wahrlich, hier wäre die grosse, weisse Jungfrau an ihrem Platze. Ich kann mir sie so gut denken, wie sie den biederen Frauen, die da in meiner Nähe ihr zu Füssen liegen, zulächelt!

Aber ich muss mich dennoch meinen Erinnerungen

entreissen, denn bald wird die Kirche geschlossen. Und wie ein von Ihr eingegebenes Dankwort klingt die Begrüssungsformel, die einzige, die wir in dieser Metropole der Banken gehört, uns von einem sechs- bis achtjährigen, kleinen blonden Mädel entgegen, das sich meinem Begleiter, einem Priester, nähert, und das Lateinische italienisch aussprechend, sagt:

Laudetur Jesus Christus

Die Höflichkeit des kleinen, ins Ghetto dieses Stadtwinkels verschlagenen, katholischen Mädels griff uns ans Herz. Der in der Kirchensprache ausgedrückte Gruss, dies freundliche Almosen, das ein armes Ding Menschen hinwarf, deren Armut an Anteilnahme und Sympathie ihnen in der Fremde nie fühlbarer gewesen war, als in dieser Metropole der Freimaurerei, diesem Leibgedinge der Juden, tröstete und stärkte uns — und die Strassen, die wir durchschreiten mussten, um den Bahnhof zu erreichen, erschienen uns nun weniger roh und anmassend, ihr Prunk weniger erdrückend.

ANHANG

DIE SYMBOLIK DER NOTRE-DAME-KIRCHE VON PARIS

1) *Viollet-le-Duc*, Eugène-Emmanuel, Architekt und Kunsthistoriker, geb. zu Paris 1814, Schüler Leclèrcs, wandte sich dem Studium der mittelalterlichen Baukunst zu, das er durch Studienreisen nach Italien und Südfrankreich unterstützte. 1840 wurde er mit den Restaurationsarbeiten der Ste. Chapelle in Paris und mit solchen an anderen gotischen Monumentalbauten betraut. Seine Hauptarbeiten sind: Restauration der Notre-Dame-Kirche in Paris, der Abtei St. Denis, der Kathedrale von Amiens, der Notre-Dame-Kirche in Châlons-sur-Marne, der Kathedrale von Laon und des Schlosses Pierrefonds. 1863 wurde er Professor an der „École des beaux-arts". Er starb 1879 in Lausanne. Hauptwerke seiner grossen schriftstellerischen Tätigkeit sind: „Dictionnaire de l'architecture française du XI au XVI siècle", „Essai sur l'architecture militaire au moyen-âge", „Dictionnaire du mobilier français", „Histoire de l'habitation humaine".

2) *Didron*, Adolphe-Napoléon, Archäolog, geb. 1806 zu Hautvillers, studierte erst die Rechte, widmete sich jedoch von 1830 ab dem Studium der kirchlichen Altertümer des Mittelalters und bereiste zu diesem Zweck Griechenland, Deutschland, England, Italien und Spanien. 1836—43 hielt er Vorlesungen über Nationalarchäologie, gründete einen Verlag für archäologische Werke, eine Anstalt für kirchliche Glasmalerei und eine Fabrik für Metallwaren nach mittelalterlichen Modellen. Er starb 1867 in Paris. Didron schrieb: „Histoire de Dieu, Ico-

nographie des personnes divines", „Manuel d'iconographie chrétienne, grecque et latine", „Iconographie des chapiteaux du Palais ducal de Venise", „Monographie de la Cathédrale de Chartres". Didrons Hauptverdienst besteht in der Herausgabe der „Bulletins archéologiques" und der „Annales archéologiques", die in Frankreich das Hauptorgan für mittelalterliche Kunstarchäologie bildeten.

3) *Quicherat*, Jules-Etienne, Archäolog, geb. 1814, Professor an der „École des Chartes". Er schrieb: „Procès de condamnation et de réhabilitation de Jeanne d'Arc", „Histoire du costume en France" und „Mélanges d'archéologie et d'histoire".

4) *Dionysius Areopagita* (d. i. Beisitzer des Areopaggerichts), wurde in Athen vom Apostel Paulus zum Christentum bekehrt (Apostelgeschichte 17, 34) und starb der Überlieferung nach als Bischof zu Athen den Märtyrertod. Unter seinem Namen wird zuerst 533 eine Reihe theosophischer Schriften erwähnt, die deutliche Spuren einer viel späteren Entstehung (nämlich nicht allzulange vor dieser ersten Erwähnung) aufweisen; daher werden sie heute unter dem Namen „Pseudo-Dionysius-Areopagita" angeführt. In diesen Schriften und Briefen wird der Versuch gemacht, die neuplatonische Philosophie mit den Lehren des Christentums zu vereinen; es wird darin betont, dass die wahre Theologie sich über die traditionellen Kirchenlehren erhebt und sich durch Betrachtungen und Verzückungen zu unmittelbarer Anschauung des Göttlichen aufschwingt. Nachdem diese Schriften durch Papst Stephan II. an Pipin, durch Hadrian I. an den Abt Fulrad von St. Denis und durch Michael Balbus an Ludwig den Frommen nach Frankreich gesandt worden waren, wurde daselbst aus ihnen der Grund zur mittelalterlichen Mystik geschöpft. Im IX. Jahrhundert tauchte die Ansicht auf, dass diese Schriften vielmehr dem heiligen Dionysius von Paris (St. Denis) zuzuschreiben seien, der dann mit Dionysius Areopagita identifiziert wurde. Doch wurde der Irrtum dieser Annahme 1629 durch den Jesuiten Jakob Sirmond nachgewiesen und seitdem allgemein anerkannt. Im Abendland wurden diese Schriften zuerst durch die

von Scotus Erigena besorgte lateinische Übersetzung bekannt, und das Mittelalter lieferte ausführliche Kommentare dazu.

5) *Vincentius von Beauvais* (Vincentius Bellovacensis), Dominikaner im Kloster Beauvais, starb um 1264; er verfasste das enzyklopädische Werk „*Speculum majus seu quadruplex*", das in drei Teile zerfällt: „Speculum naturale", „Speculum doctrinale" und „Speculum morale". Die darin enthaltenen Gedanken sind wenig originell, das ganze Werk ist vielmehr eine auf eingehenden Quellenstudien basierende Zusammenfassung des Standes der damaligen Wissenschaften.

6) *Honorius von Autun*, genannt Solitarius, gelehrter Presbyter und Scholastiker; er hielt sich von 1130—1153 in Autun (Burgund) auf und schrieb zahlreiche theologische Werke, die zum grössten Teile in der Biblioteca Patrum Tom-XX enthalten sind.

7) *Spicilegium von Solesmes: „Spicilegium Solesmense, complecteus sanctorum patrum scriptorum ecclesiasticorum auccdota hactenus opera selecta et graecis orientalibusque et latinis codicibus. Curante Domno J. B. Vitra*".

8) *Gregor I., der Grosse*, 65. Papst, aus der Familie der Anicier stammend, geb. 540, gest. 604; er wurde nach 570 Praetor urbanus, schuf, nachdem er das grosse Vermögen seines Vaters ererbt, dessen Palast in ein Kloster, in das er selbst eintrat, um. 578 kam er als Gesandter nach Konstantinopel. 585 wurde er Abt von Skt. Andrea, 590 römischer Bischof. Politisch klug und unbeugsam, gelang es Gregor I. das Suprematierecht des römischen Stuhles in der gesamten Kirche zur Geltung zu bringen. Seine Hauptverdienste sind die Verbreitung des Christentums (England, Irland), die Hebung des Mönchswesens, des Heiligen- und Reliquiendienstes; auch wird ihm die Abendmahlsliturgie und die Belebung des Kirchengesanges durch Einführung des sogenannten Gregorianischen Choralgesanges zugeschrieben. Streng gegen sich selbst (er nannte sich stets servus servorum Dei), war er ein Freund der Armen.

Sein Hauptwerk besteht in einer Sammlung von Wundergeschichten: „*Dialogorum de vita et miraculis patrum Italicorum et de aeternitate animarum libri IV*".

9) *Nilus der Ältere*, der Heilige, Asket, starb um 450 als Einsiedler auf dem Sinai; er war bis 420 Exarch von Konstantinopel gewesen. Seine asketischen Schriften sind in Mignes „*Patrologia graeca*“ enthalten.

10) *Hugo von Saint-Victor*, der Mystiker unter den Scholastikern, geb. 1097, gest. 1141. Genoss seine erste Ausbildung im Konvent von Hamersleben, ging, achtzehn Jahre alt, mit seinem Oheim Hugo, Archidiakon von Halberstadt nach Paris und trat daselbst in das Kloster der Augustiner von St. Victor, dessen Studienleiter er später wurde, ein. Hugos rein praktisch-religiöse Mystik, deren Grundsatz „*Ubi caritas, ibi claritas*“ war, ist der Richtung seines Freundes, des heiligen Bernardus von Clairvaux, nahe verwandt. Er schrieb: „*Summa sententiarum*“ und „*De Sacramentis libri III*“.

11) *Prudentius*, Bischof von Troyes, geb. 795, gest. 861, schrieb eine Reihe von Traktaten.

12) *Gautier*, Emile Théodore Léon, Gelehrter, geb. 1832, war Chef der kaiserlichen Archive in Paris und Professor der Paläographie an der *École des Chartes.* Unter seinen, für das Mittelalter begeisterten Schriften sind hervorzuheben: „*Comment faut-il juger le moyen-âge?*“, „*Définitions catholiques de l'histoire*“, „*Scènes et nouvelles catholiques*“.

13) *Lecoy de la Marche*, Richard-Albert, Historiker, geb. zu Nemours 1839. Seine Hauptwerke sind: „De l'Autorité de Gregoire de Tours“, „Titres de la maison ducale de Bourbon“, „La chaîre française au moyen âge“, „Extraits de comptes et mémoriaux du roi René“, „L'Académie de France à Rome“, „Le roi René“, „Les manuscrits et la miniature“, „Saint-Martin“.

14) *Lasteyrie-Dusaillant*, Fernand Charles, Graf von, Staatsmann und Kunsthistoriker 1800—1879, war unter Louis Philipp Inspektor des Strassen- und Brückenbaus. 1848 wurde er in die Konstituante gewählt. Er schrieb: „*Histoire de la peinture sur verre*“, „*Théorie de la peinture sur verre*“, *Causeries artistiques*“, „*Histoire de l'orfèvrerie*“ u. a.

15) *Melito*, Bischof von Sardes, gest. um 175, schrieb eine

Apologie des Christentums, von welcher nur Bruchstücke bei Eusebius erhalten sind.

16) *Gobineau von Montluisant*, französischer Dichter und Alchimist, geboren bei Chartres in der ersten Hälfte des XVII. Jahrhunderts. Er veröffentlichte einige fromme Gedichte, darunter: „*Le sacré mont Carmel*“ (Metz 1632), „*La royale Thémis*“ (ebenda 1634). Den hermetischen Wissenschaften mit Eifer ergeben und mit ihren Geheimnissen wohlvertraut, behauptet er, dass die Skulpturen am Hauptportal der Notre-Dame-Kirche von Paris hieroglyphische Zeichen wären, welche alle Elemente des Steines der Weisen darstellen sollten. In der „*Bibliothèque de la philosophie chimique*“ von Salmon findet sich eine absonderliche Abhandlung Gobineaus über dieses Thema: „*Énigmes et hiéroglyphes qui sont au grand portail de l'église cathédrale et métropolitaine de Notre Dame de Paris*“.

17) *Hermetische Philosophie*: Diese Bezeichnung geht auf Hermes Trismegistos, den von den Ägyptern Thot (Tehuti) genannten Gott zurück, der in Pa-Tehuti (d. i. Wohnung des Thot), von den Griechen Hermopolis genannt, in Oberägypten besonders verehrt wurde. Er ist der oberägyptischen Mythologie nach der Herr alles richtigen Abmessens und Abwägens, dessen Weisheit die Welt regelt, der in Zeit und Raum, im Himmel und auf Erden und in der Unterwelt alles gesetzmässig ordnet. Er ist der Herr der Rede und der Schrift, der mit seinem Gehilfen Sahfech „das Schreiben begonnen“. Die kanonischen Werke der Ägypter über die verschiedenen Wissenschaften wurden daher von den Griechen als hermetische Bücher bezeichnet, deren eines in dem sogenannten Papyrus Ebers erhalten zu sein scheint. Von den zweiundvierzig hermetischen Büchern haben vier astrologisch-astronomischen Inhalt; ihr Studium lag den sogenannten Horoskopen ob; sechs der Bücher behandeln die Wissenschaft der Pastophoren und der Medizin. Die Alchimie, deren Erfinder er gewesen sein soll, heisst darum auch nach ihrem Entdecker hermetische Kunst. Durch Vermischung griechischer und ägyptischer Anschauungen entstanden zahlreiche mystische und abergläubische Schriften, die auch bei den Syriern und Mohammedanern

Eingang fanden. Hervorzuheben ist besonders: „*Poëmander, s. de potestate ac sapientia divina*".

18) *Chaumette*, Pierre Gaspard, genannt Anaxagoras, geb. 1763, starb 1794 auf der Guillotine. Chaumette war zuerst Schreiber eines Prokurators in Paris und wurde dann Mitherausgeber der Zeitung: „*Les révolutions de Paris*"; er zeichnete sich als wütender Ankläger bei den August- und Septemberereignissen des Jahres 1792 aus und wurde darauf Prokurator der Kommune; er war der Schöpfer des Vernunftkultus und auf seinen Vorschlag wurde im November 1793 die Notre-Dame-Kirche in einen Tempel der Vernunft umgewandelt. Da er der Hébertistenpartei angehörte, liess ihn Robespierre einkerkern und hinrichten.

19) *Bollandisten*, eine Vereinigung von Jesuiten, welche die anfänglich von Heribert Rosweyd und Johann von Bolland (1596 bis 1665) bearbeitete Sammlung von Berichten über die Heiligen der römisch-katholischen Kirche (*Acta sanctorum*) bis 1794 fortführte. Bolland verfasste mit Gottfried Heusschen, Daniel Papebrœk, Konrad Jauninck und einigen anderen die ersten fünf Bände, die jedoch nur die Heiligen des Monats Januar und Februar umfassen; im Jahre 1794 umfasste das von den Jesuiten fortgesetzte Werk bereits dreiundfünfzig Bände, zu denen noch seit 1845 acht weitere Bände hinzugekommen sind.

20) *Skt. Marcellus* war in Paris geboren, wurde zuerst Lektor, dann Subdiakon daselbst; es heisst von ihm, er habe Wasser in Balsamöl verwandelt und einem Stummen die Sprache wiedergegeben. Er wurde schliesslich Bischof und starb im Jahre 320. Er wird am 1. November verehrt.

21) *Kreuz*, Bet- oder Gangwoche (*Hebdomas rogationis*). Woche zwischen den Sonntagen Rogate und Exaudi, in welcher die „Bittgänge" der katholischen Kirche abgehalten werden.

22) *Nicolas Flamel*, geb. zu Pontoise, lebte zu Ende des XIV. und Anfang des XV. Jahrhunderts als Bürger in Paris; er war Poet, Maler und Mathematiker. Er schrieb ein Werk „*Sommaire philosophique*", das angeblich alchimistische Enthüllungen enthielt. Es wurde ihm nachgesagt, dass er sich durch Ju-

welendiebstähle und Aneignung königlicher Gelder ein riesiges Vermögen gemacht habe; er dagegen behauptete, seinen Reichtum durch die Alchimie erworben zu haben. In der Pariser Kirche zu den *St. St. Innocents*, der er viel Geld hinterliess, ist seine Kunst durch allegorische Gestalten verherrlicht worden.

23) *Adam von Saint-Victor* (A. Victorinus), Kirchenkomponist, geb. in der Bretagne, lebte als Augustinermönch in der Abtei St. Victor in Paris, wo er 1717 starb.

SAINT-GERMAIN-L'AUXERROIS

(St. Germanus von Auxerre)

1) *St. Landry*, Bischof von Paris, gest. 656, war unter der Regierung Chlodwigs II. Audibert auf den Bischofstuhl von Paris gefolgt. Er zeichnete sich durch grosse Wohltätigkeit während der Hungersnot des Jahres 651 aus; er ist auch der Begründer des Hôtel Dieu in Paris. St. Landry liegt in Saint-Germain-l'Auxerrois begraben und wird am 10. Juni verehrt.

2) *St. Germanus von Auxerre*, wurde daselbst 378 geb., 418 wurde er Bischof und führte von da ab ein sehr strenges Leben. Er soll Wunder gewirkt haben und unternahm in Glaubensangelegenheiten zahlreiche Reisen. Zum Vermittler angerufen, reiste er nach Ravenna, um den jungen Kaiser Valentinian um Schutz gegen die Alanen anzurufen. Kaiserin Placidia ehrte ihn hoch und versprach ihm, als er in Ravenna erkrankte, seinen Leichnam im Falle seines Todes nach Auxerre zurückbringen zu lassen. Er erlag auch bald seiner Krankheit und starb 448. Sein Leichnam wurde in feierlichem Zug in fünfzig Tagen nach Auxerre gebracht.

3) *König Robert* von Frankreich war der jüngere Sohn Roberts des Tapferen, des Stammvaters der Robertiner, die später als

Kapetinger Frankreich beherrschten. Nach dem Tode seines Bruders Odo verteidigte und behauptete er seinen Stammsitz Francien und besiegte 921 die Normannen; er wurde 922 als Gegenkaiser Karls III. gewählt, den er auch 923 bei Soissons besiegte und vertrieb, doch starb er bald darauf an seinen Wunden. Ihm folgte sein Sohn Hugo der Grosse.

4) *Peter Lescot*, Architekt, geb. zu Paris 1510, studierte die Antike in Rom, wurde Rat und Almosenier Heinrichs II. und Kanonikus an der Notre-Dame-Kirche. Von 1546 an erbaute er als Architekt des Louvre die südliche Hälfte des westlichen Flügels in edelstem Renaissancestil; 1550 entwarf er die Zeichnungen zur Fontaine des Innocents, die Goujon prächtig ausgemeisselt hat. Auch das Haus Franz I. in den Champs-Elysées ist sein Werk. Er starb 1578 in Paris.

5) *Johann Goujon*, Bildhauer, der französische Phidias genannt. 1515 geboren, scheint er seine Ausbildung in Italien genossen zu haben. Seine häufig mit Architektur verbundenen Werke zeigen reiche Erfindungsgabe, weiche Formenbehandlung und richtiges Verständnis des Reliefstils und der Drapierung. Hauptwerke in Paris sind: die nur zum Teil im Louvre vorhandenen Flachreliefs vom Lettner der Kirche Saint-Germain-l'Auxerrois, Reliefs an der Fontaine des Innocents, die vier Karyatiden im Schweizersaal des Louvre, die ruhende Diana mit Hirsch und Hunden (angeblich Diane von Poitiers, Geliebte Heinrichs II.), ursprünglich im Schloss von Anet, jetzt im Louvre. Als Architekt war er auch beim Bau des Louvre in der Zeit von 1555—1562 und am Schloss von Anet tätig. Er soll der Sage nach, als er am Morgen der Bartholomäusnacht (1572) auf seinem Gerüst im Louvre arbeitete, erschossen worden sein. Wahrscheinlicher ist jedoch die Annahme, dass er schon 1565 in Bologna starb.

6) *Gaussel, Jean*, Architekt, erbaute 1436 den Portikus von Saint-Germain-l'Auxerrois. Die Handbücher schweigen über ihn.

7) *Maria von Ägypten:* Das Leben dieser exzentrischen Heiligen, über dessen Verlauf die Hagiographen ganz ernstlich berichten, ist eine von jenen Heiligenlegenden, denen die geringste

Wahrscheinlichkeit beizumessen ist. Sie soll im V. Jahrhundert in der Nähe von Alexandrien geboren worden sein und als zwölfjähriges Mädchen das Elternhaus heimlich verlassen haben, um sich in der Hauptstadt einem unsittlichen Leben hinzugeben. Nach ihrer, dem heiligen Zosimos abgelegten Beichte, war sie siebzehn Jahre lang Prostituierte gewesen. Als sie eines Tages der Einschiffung von Jerusalempilgern zusah, erfasste sie das Verlangen, mit ihnen zu ziehen; da sie aber kein Geld hatte, um die Überfahrt zu bezahlen, schlug sie vor, man möge sie ohne Zahlung mitnehmen, wofür sie dann jedem, den es danach verlangen sollte, zu Willen sein wolle. Die Pilger nahmen das Anerbieten an, was allerdings angesichts des Reisezwecks etwas sonderbar erscheint. In Jerusalem stiess, sooft sie das Heiligtum betreten wollte, eine unsichtbare Hand sie immer wieder zurück, worauf sie beschloss, in der Wüste Busse zu tun. Siebenundvierzig Jahre lang lebte sie als Einsiedlerin am Jordan, wo der heilige Zosimos sie gänzlich unbekleidet antraf. Er bekleidete sie mit seinem eigenen Mantel und bestattete sie nach ihrem Tod mit Hilfe eines Löwen. Sie wird am 9. April gefeiert.

8) *Duval Amaury*, Gelehrter, geb. 1760, wurde 1785 Gesandtschaftssekretär in Neapel, doch verliess er bereits 1797 den diplomatischen Dienst und wurde unter dem Direktorium Bureauchef für Kunst und Wissenschaft im Ministerium des Innern. Er gab mit Chamfort, Say, Ginguené und anderen die Zeitschrift „*Décade philosophique*“ heraus, die später mit dem „*Mercure de France*“ vereinigt wurde. Er schrieb: „*Des sépultures chez les anciens et les modernes*“ und den Text zu Denons „*Monuments des arts du dessein chez les peuples tant anciens que modernes*“. Als Maler kann er nur als Amateur betrachtet werden; er starb 1838 in Paris.

9) *Die Sainte-Chapelle* (heilige Kapelle) ist das zierlichste gotische Bauwerk von Paris; sie ist im südlichen Hofe des *Palais de Justice* gelegen und wurde zwischen 1242—1247 von Pierre de Monterau, unter Ludwig dem Heiligen erbaut. Es ist eine Doppelkapelle — die untere dreischiffig, die obere einschiffig; letztere diente als Hofkapelle. Die Sainte-Chapelle

wurde von Duban, Lassus, Viollet-le-Duc und Boeswillwald restauriert.

10) *Ein Vert-Galant* ist nach Furetières *Diction. Universel* „ein junger, kräftiger Mann, der dazu angetan ist, den Damen gute Dienste zu leisten“.

11) *Ancre*, Baron von Lussigny, Marschall von Ancre, Sohn des Florentiner Senators Concini, kam im Gefolge der Maria von Medici, Gemahlin Heinrichs IV., deren Günstling er war, nach Paris und übte einen schlechten Einfluss auf letztere aus. Als sie 1610 nach Heinrichs Tod Regentin geworden, bemächtigte er sich der Staatsgewalt, wurde 1613, obwohl er nie einen Krieg mitgemacht hatte, Marschall von Frankreich und erster Minister, kaufte das Marquisat Ancre aus den Pfründen und Sinekuren, die er sich zugelegt und wirtschaftete in einer Weise, die ihn bei Adel und Volk gleich verhasst machte. Unter Mitwirkung König Ludwigs XIII., bei dem er sich gleichfalls durch sein stolzes und anmassendes Benehmen missliebig gemacht, wurde er am 24. April 1617 beim Eintritt in den Louvre von einem Hauptmann erschossen. Sein Leichnam wurde vom Volke ausgegraben, durch die Strassen geschleift und schliesslich vor der Statue Heinrichs IV. verbrannt, seine Gattin der Zauberei angeklagt und hingerichtet. Der zwölfjährige Sohn, des Adels und aller Güter verlustig erklärt, musste Frankreich verlassen.

12) *Regina*, heilige Jungfrau und Märtyrerin, geb. zu Alise im Bistum Autun, stammte von heidnischen Eltern, und als ihre Mutter bei ihrer Geburt starb, erhielt sie eine christliche Amme, die das Kind heimlich taufen liess; ihr Vater jagte nun beide aus dem Haus. Als Regina erwachsen war, beschloss sie als fromme Einsiedlerin zu leben und zog, um sich vor heidnischen Verfolgungen zu schützen, als Hirtin in die Einöde. Sie wurde jedoch ausgeforscht und in der Nähe von Alise eingekerkert; sie wurde wiederholt gefoltert und schliesslich enthauptet. Ihre Gebeine wurden im Jahre 864 in der Abtei von Flavigny beigesetzt. Sie wird gegen Krätze, Hautgeschwüre usw. angerufen.

13) *Ange Pitou*, Hauptfigur des gleichnamigen Romans von

Alexander Dumas (1852), in dem die zwei Hauptereignisse der Revolution, die Einnahme der Bastille und die Tage des 5. bis 6. Oktober geschildert werden.

SKT. MERRY

Gilles Corrozet, französischer Dichter und Historiker, lebte von 1510—1568 in Paris; erst in reiferen Jahren erwarb er sich erweitertes Wissen und reiche Sprachkenntnisse; er schrieb: „*Fleurs des antiquités et singularités de la noble et triomphante ville et cité de Paris*", „*La fleur des sentences*", „*Contes du rossignol*" u. a. m.

1) Dünkirchen: Anspielung auf den von Ludwig XIV. mit grossen Opfern zu einem strategisch mustergültig ausgestalteten Kriegshafen, der für uneinnehmbar und seebeherrschend galt.

2) Die Bezeichnung „Brüder" Slodtz ist unrichtig, da die beiden Bildhauer dieses Namens nicht gleichzeitig lebten. Sebastian Slodtz wurde 1655 in Antwerpen geboren und starb 1726 in Paris; er trug viel zur Ausschmückung der Paläste Ludwigs XIV. bei. Von hervorragenden Arbeiten sind zu nennen: „Titon du Tillet", „Hannibal" im Tuileriengarten und ein St. Ludwig, Flachrelief im Invalidendom. Sebastian Slodtz' Enkelsohn, Renée Michèle (1705—1764), war ebenfalls ein ausserordentlich fähiger Bildhauer und wurde der französische Michelangelo genannt.

3) *Germain Brice*, Schriftsteller, lebte von 1662—1727 in Paris. Man verdankt ihm eine allerdings recht schlecht geschriebene, aber sehr interessante Beschreibung des damaligen Paris.

4) *Acarie*, mit ihrem Mädchennamen Barbara Avrillot, mit ihrem Ordensnamen Maria (de l'incarnation); sie heiratete am 24. August 1585 Peter Acarie, der ein strenggläubiger Katholik war und als begeisterter Anhänger der Liga 1594 aus Paris

verbannt wurde; dieser Ehe entsprossen drei Söhne und drei Töchter, welch letztere sämtlich Karmeliterinnen wurden.

Die heilige Theresia erschien der frommen Frau Acarie und beauftragte sie, den Orden ihrer reformierten Karmeliterinnen in Frankreich einzuführen. Die Sache wurde von Kirchengelehrten, darunter Franz von Sales überprüft und befürwortet. 1603 wurde der Grundstein des ersten Klosters gelegt, während Frau Acarie schon früher Novizen gesammelt hatte; als sie 1613 Witwe wurde, trat sie selbst als Laienschwester in das Kloster von Amiens ein. (Sie konnte den Ordensregeln gemäss nur als solche aufgenommen werden. Balzac sagt: Die Karmeliterinnen dulden keine verheirateten Frauen, da sie dies für Bigamie halten.) Sie starb daselbst 1618 und wurde von Pius VI. am 5. Juni 1791 heilig gesprochen.

5) *Genesius* war unter Diokletian Schauspieler in Rom; als er einst bei einer Heidentaufe auf der Bühne den Täufling spielte, soll er eine Erscheinung gehabt haben, die ihn zum tatsächlichen Übertritt veranlasste. Anfänglich wurde seine Absicht für Scherz gehalten, doch als er von seinem Vorhaben nicht abliess und auch nach an ihm vollzogener Tortur bei seinem neuen Glauben beharrte, liess ihn Diokletian am 25. August 303 enthaupten. Siehe Surius Martyr., Rom T. IV.

6) *Horn*, Anton Josef Graf von, geb. 1698; er diente eine Zeitlang in der österreichischen Armee, wurde aber wegen ungebührlichen Betragens entlassen und kam 1720 nach Paris; zu dieser Zeit war hier alles vom Agiotagefieber, einer Folge des Lawschen Systems, ergriffen. Horn stürzte sich in ein ausschweifendes Abenteurerleben und als er nicht mehr aus noch ein wusste, lockte er einen Effektenagioteur in eine Kneipe, wo er ihn erstach und dann seiner Wertpapiere beraubte. Er wurde mit seinem Spiessgesellen am 26. März 1720 öffentlich hingerichtet.

7) *Hilarius von Poitiers* (*Pictaniensis*), trat erst in reiferen Jahren zum Christentum über, doch erwarb er durch den Umgang mit dem Priester Heliodor so grosse Kenntnisse, dass er um die Mitte des IV. Jahrhunderts zum Bischof ernannt wurde; er behielt trotz dieser geistlichen Würde seine Frau bei sich.

Er arbeitete gegen die Arianer und überreichte Kaiser Konstantin eine Denkschrift, in welcher er ihn ermahnte, der Verfolgung der Rechtgläubigen Einhalt zu tun. Später geriet er mit den Bischöfen in Streit und wurde nach Phrygien verbannt. Doch als er aus der Verbannung zurückkam, erzürnte er durch seine Härte gegen die Arianer den Kaiser so sehr, dass dieser ihn nach Poitiers sandte, wo er am 13. Januar 367 starb. Er schrieb: „*De vera religione*", „*De trinitate Libr. VI.*", „*Adversus Arianum et Auxentium*", „*Commentarii in psalmos*".

8) *Fortunatus Venantius* (Honorius Clementianus) lebte in der zweiten Hälfte des VI. Jahrhunderts. Er studierte in Ravenna, kam dann nach Tours, wo ihn Bischof Gregorius sehr hoch hielt. Er schrieb: „*Poematum sacrorum libr. IV.*", erschienen 1603 in Mainz.

9) *Fulbert von Chartres* wurde wahrscheinlich gegen 950 in dieser Stadt geboren und war daselbst Schüler des Abtes Gerbert, des nachmaligen Papstes Sylvester II., 1007 wurde er Bischof von Chartres und nahm als solcher an den politischen und kirchlichen Kämpfen teil. Er starb 1029. Man verdankt ihm Predigten, Hymnen und besonders 138 für die Geschichte Frankreichs wertvolle Briefe; letztere wurden zuletzt in Mignes „*Patrologiae cursus completus*" (Bd. 141) abgedruckt.

FRANKFURT

1) *Bartolomeo Veneto*, auch Veneziano, lebte in der ersten Hälfte des XVI. Jahrhunderts. Erst in den letzten Jahren wurde er durch Forschungen Adolfo Venturis bekannt. Das früheste seiner nun bekannten Bilder ist eine Madonna mit Kind, mit der Signatur: *Bartolomeo mezo Venezian e mezo cremonese* 1502, 9. *apr.* Madonnenbilder in Bergamo, in der venezianischen Akademie und in der Galerie Crespi in Mailand, zeigen Ähnlichkeit mit Bellinis Arbeiten. Andere Madonnen, in der Sammlung Delaroff in Petersburg, im Dogenpalast in Venedig und in Stuttgart, wurden Marco Basaïti zugeschrieben. Von 1506

bis 1508 hielt er sich in Ferrara auf, wo er Maler und Vergolderarbeiten für Lucrezia Borgia, darunter auch einen Madonnenaltar mit Heiligen verfertigte. Seine 1506 gemalte „Beschneidung Christi“ war 1907 auf der Akademie-Ausstellung in London zu sehen. Er lernte viel von Cima da Conegliano; nach Venturi wäre ihm das Altarbild mit Heiligen in der Galleria Lochis zuzuweisen (dort wird es dem Girolamo Croce zugeschrieben). Derselben Zeit entstammt das gleichfalls Girolamo Croce stilistisch ähnliche Bild der heiligen Katharina in Frankfurt. Das Frankfurter Kurtisanenbild zeigt die gleiche, für Bartolomeo Veneto so charakteristische Haartracht (Ringellocken), wie seine Frauenbildnisse in den Sammlungen Melzi und Del Mayno (Mailand) und die Salome der Dresdner Galerie. Die römische *Galleria nazionale* (Palazzo Corsini) besitzt ein früher Holbein dem Jüngeren und nun Veneto zugeschriebenes, prächtiges Männerbildnis, das in seiner minuziösen Detailwiedergabe tatsächlich verwandte Züge mit dem Frankfurter Mädchenbild aufweist. Beide Bilder erinnern, wie schon ihre frühere Klassifizierung beweist (hier Holbein — da Dürer) an die deutsche Schule. Da sich aber in beiden Fällen die heutige Zuweisung nur auf ziemlich unbestimmte Grundlagen stützen kann, bleibt wohl die Vaterschaft beider Bilder bis auf weiteres fraglich.

2) *Jacques Daret*, Sohn des Bildhauers Jean Daret II., geb. in Tournai (Doornik), gegen 1404, urkundlich nachweisbar bis 1468, war Mitschüler des Rogier v. d. Weyden bei Robert Campin von 1418—1426. 1426 beteiligte er sich an einer Wallfahrt nach Aachen. 1432 wurde er als Meister in die Malergilde von Tournai aufgenommen; er erhielt Berufungen nach Lille (1454), Brügge (1468) und Arras. 1441 erhielt er den Auftrag, für die Gobelinfabriken von Arras religiöse und historische Kartons zu zeichnen, besonders eine grosse „Auferstehung“ für die Abtei von Skt. Vaast. Für dieselbe malte Daret auch ein verlorengegangenes Altargemälde. Nach dem Vorgang Hulins haben verschiedene Forscher seit 1902 den „Meister von Flémalle“ etwas voreilig mit Jacques Daret identifiziert. Heute erkennt man in dem Meister des erwähnten Altars von

Arras einen ziemlich selbständigen Nachfolger dieses Künstlers (Campins?). Die Hinterlassenschaft Jacques Darets erscheint noch erweiterungsfähig (s. Monatshefte für Kunstwissenschaft II. 1909 und Winkler: „Der Meister von Flémalle und Rogier v. d. Weyden 1913") Auszug aus Thieme-Becker: Allgemeines Lexikon der bildenden Künstler. — Hugo von Tschudi hat bereits 1898 in einem Aufsatz „der Meister von Flémalle" (Jahrbuch der königlich preussischen Kunstsammlungen) versucht, eine Reihe von Bildern einem Mitschüler des Rogier v. d. Weyden, der von diesem und J. van Eyck stark beeinflusst war, zuzuschreiben. Tschudi gibt ihm den Namen „Meister von Flémalle". Professor Georg Hulin setzte Tschudis Nachforschungen fort und kam zuerst zu dem Schluss, den Meister von Flémalle mit Jacques Daret zu identifizieren. Da aber etliche Bilder eine frühere Signatur als 1432 (das Jahr, in dem Jacques Daret in die Gilde aufgenommen wurde) aufweisen, und die Bildflügel in Berlin und London augenfällige stilistische Ähnlichkeiten mit den Werken des sogenannten Meisters von Flémalle zeigen und überdies erwiesen ist, dass Jacques Daret seine Jugendjahre bei seinem Meister Robert Campin verbrachte, kommt Hulin zu der endgültigen Anschauung, dass kein anderer als Campin mit dem Meister von Flémalle identisch sei. Siehe „The Burlington Magazine" Juli 1909, „An authentic work by Jacques Daret, painted in 1434", Georges van Loo (Hulin).

3) *Robert Campin*, geb. 1375 in Tournai, gest. 26. April 1444. Er führte im Auftrag der Stadt Dekorationsarbeiten aus, von denen nichts erhalten blieb. Rogier v. d. Weyden und Jacques Daret waren seine Schüler. Näheres ist bisher über Robert Campin nicht bekannt.

EIN MALER DES GRABES

HUYSMANS' GRÜNEWALD-TEXT AUS DEM ROMAN LÀ-BAS IN DEUTSCHLAND

1888 wird Joris-Karl Huysmans von seinem Freund Arij Prins nach Hamburg eingeladen. Von dort unternehmen beide eine Rundreise. Berlin, Weimar, Erfurt, Gotha und Kassel sind die Stationen. In Kassel entdeckt Huysmans die *Kreuzigung Christi*, heute in Karlsruhe, des um 1475 geborenen und 1528 in Halle an der Saale gestorbenen Mathis Neithart alias Gothart, genannt Grünewald.

Die Eindrücke der Reise verarbeitet er in den Büchern *Là-bas* (1891), *La Cathédrale* (1898) und in *De Tout* (1902). Er legt darin Zeugnis ab von seiner Begeisterung für die ‚Primitiven'. An Jules Destrée schreibt er im September 1890: „Die Primitiven, das ist Kunst in höchster Vollendung – übernatürlicher Naturalismus –, das ist die einzige Form, der einzig wahrhafte Stil, den es geben kann."

Grünewald, diesem „Barbar des Genies, der farbige Gebete in ursprünglicher Mundart, in einer ihm eigenen

Sprache hinausschreit", gilt seine Bewunderung in besonderem Maße. „Seine stürmische Seele stürzt sich von Übermass zu Übermass; man fühlt, wie sie sogar zu Zeiten selbstgewollter Rast, zur Zeit des Schlafes, von Stürmen bewegt wird."

Es ist die eigene Zerrissenheit, die sich für Huysmans in Grünewalds Gemälden spiegelt. „So wie Huysmans um sein Werk litt, so gibt uns Grünewald in seinen Bildern in höchster Subjektivität den Ausdruck seiner inneren Durchwühltheit", schreibt Charlotte Weise. Und Huysmans: „Er ist gewiss nicht ein Maler der Krippe, sondern ein Maler des Grabes, er weiss die Madonna nur dann zu schildern, wenn sie leidet."

I.

Die erste Übertragung von Huysmans Beschreibung der Kreuzigungsszene des *Tauberbischofsheimer Altars* (um 1525), entnommen dem Roman Là-bas (1891), stammt von Oskar Eisenmann. Sie wurde 1895 in der Zeitschrift *Pan* publiziert und ist äußerst frei. Einige Passagen wurden ohne Hinweis weggelassen:

„In fahler Dämmerung ragt's furchtbar in die Höhe: der Christ an seinem Kreuz. Ein roher Stamm, quer darauf ein halb entrindeter Ast, der sich biegt unter der Last wie ein gespannter Bogen und hinaufschnellen möchte wie aus gekrampftem Mitleid und das armselige Fleisch gen Himmel schleudern, hinweg von diesem schmachgetränkten Boden, der es noch hält, fest und mit riesigen Nägeln.

Zermalmte Arme an ausgerenkten Schultern; das Fleisch an den Muskeln ausgehöhlt, als hätten da dicke Stricke gerissen; es knirscht wie gebrochene Knochen – und hoch, ganz hoch mit schreienden Fingern große gespenstige Hände, Hände, die fluchen wollen und Segen stammeln. Schweiß trieft von der Brust, von dem totblauen, sich wallenden Fleisch über den zitternden Rippen; blutige Striemen ziehen darüber hin, kleine Splitter bedecken es, nadelfeine Stiche wie die Bisse von Insekten. Das sind die Spitzen der Geißeln, die sich an seinem Leibe brachen.

Die Verwesung hebt an. Aus dem Loche in der Seite sikkert dicker Eiter über die Hüfte, aus der Brust beginnt Wasser zu fließen, grünliche, rötliche milchige Säfte rieseln über den Leib und tränken die schmutzigen Leinenfetzen über den Beinen. Die Beine buchten sich aus. Man hat ihm die Kniescheiben fast zusammengezwängt, die Schienbeine sind gewaltsam wieder nach außen gebogen bis zu den Füßen, die ein Nagel zusammennagelt. Furchtbar sind diese Füße. Da blüht schon die Fäulnis in Strömen grünen Bluts und macht sie länger und länger. Das schwammige Fleisch ist bis an den Kopf des Nagels gequollen, und die Zehen – anders als die sanften Finger – krümmen sich wütend, möchten mit ihren blauen Nägeln den roten Boden der Erde aufreißen.

Über diesem gärenden Leib hängt schlaff das riesige Haupt hinab mit der wüsten Dornenkrone; in dem halb geöffneten Auge noch ein Blick voll Schreck und Schmerz. Das Gesicht ist verschwollen, entstellt, jeder Zug darin weint, nur der Mund ist durch die Stöße des Kiefers zu einem Lächeln verkrümmt. Es war ein furchtbarer Tod. Die bluttollen Henker rannten vor diesem Anblick. Jetzt ist blaue Nacht, und das Kreuz neigt sich tief, tief zur Erde.

Zwei Menschen bewachen es. Ein Weib hält links; ein rotes Kopftuch fällt ihr auf das blaue, faltige Gewand. Sie ist bleich und starr, übervoll von Tränen, ihre Nägel bohren sich in die Hände – die Mutter Gottes.

Und auf der andern Seite Johannes, groß und schlank, ein kräftiger Schwabe, das dunkle Gesicht mit zottigem Bart. Sein Kleid ist zerlumpt; ein roter Rock und darüber ein gelber Mantel, an den aufgekrempelten Ärmeln citronengrün. Auch er leidet, aber er ist kräftiger als die ganz gebrochene Maria, er sieht noch hin mit glühenden Augen, und er schreit noch auf mit geschwungenen Händen, schreit ohne Laut, mit zerrissener Kehle.

O ja! von diesem blutigen Golgatha bis zu der sanften und süßen Passionsmalerei seit der Renaissance – ein schöner Schritt. Dieser Christ im Todeskampf ist nicht der galiläische Adonis der Reichen, der blondgelockte wohllebige Jüngling, der schöne Mann mit dem wohlgescheitelten Bart und dem nichtssagenden süßlichen Ausdruck, zu dem die Gläubigen seit vierhundert Jahren beten.

Der da ist der Christ des heiligen Justinus, Sankt Cyrillus,

Tertullians, der Jesus der ersten christlichen Zeit, der häßliche Christus, der schwer leiden mußte, da er die schwere Sündenlast der Welt auf sich nahm.

Der Gott der Armen. Jener, der sich den Elenden, den Ausgestoßenen gesellte, allen denen, deren Häßlichkeit und Notdurft die Welt verachtet. Der menschlichste Gott, ein von Natur verlassener Christus mit jämmerlichem Fleisch, dem erst von oben geholfen wurde, nachdem der Kelch geleert war. Der Christ mit der Mutter, die er mit geängsteter Kinderstimme gerufen, wie jeder in höchster Gefahr die Mutter ruft; mit der Mutter, die dabeisteht, machtlos wie jede Mutter.

Höchste Erniedrigung suchend, hatte er die Gottheit abgetan von dem Augenblick an, da ihn die ersten Schmähungen, die ersten Geißelhiebe trafen. Durch alle Marter hindurch bis zu den furchtbaren Qualen des langsamen Endes. Nur so konnte er leiden, leiden wie ein Mensch, wie ein Verbrecher, wie ein Hund, niedrig, schmutzig, bis zum Grauen der Fäulnis.

Kein Naturalismus seit Grünewald hat sich an diesen Stoff herangetraut; kein Maler hat je wieder gewagt, so brutal an die heiligen Wunden zu rühren.

Aber wer diesen toten Christ, diesen Christus aus der Morgue begreift, für den ist er der Gott, ohne goldenen Heiligenschein, ohne Nimbus. Dem strahlt aus dem Tod dieses Menschen, aus dieser wüsten, blutbespritzten Dornenkrone der Heiland entgegen; und die beiden elenden Menschen vor der Leiche am Kreuz, dieses gebrochene Weib, dieser von Mitleid und Wut zerrissene Kerl, sind ihm überirdische Wesen vor einem Gott. Für den ist Matthäus Grünewald Idealist.“

II.

Die vielgeschmähte, aber kaum gekannte Übersetzung von Gustav Gugitz wurde 1903 in Berlin verlegt. Das Zitat daraus setzt ein wenig früher ein:

„Indem er sich so in diese Gedanken verrannte, lavierte und schweifte er, um sich schließlich diesem Ideal zu nähern, das er trotzdem erreichen wollte, so lange, bis er bei einer andern Kunst anlangte, der Malerei. Da fand er es vollständig durch die Primitiven verwirklicht, dieses Ideal!

Diese hatten in Italien, in Deutschland, besonders in Flandern die weißen Weiten der heiligen Seelen herabbeschworen; auf ihren treuen, geduldig zuverlässigen Bildern erstanden Wesen in Haltungen, die aus dem Leben herausgeholt waren, von einer bezwingenden und sichern Wirklichkeit; und an diesen Leuten mit oft gemeinen Köpfen, von diesen bisweilen häßlichen, aber in ihrem Zusammenklang mächtig hervorgebrachten Physiognomien strömten himmlische Freuden, bittere Ängste, Heiterkeiten des Geistes, Stürme der Seele aus. Es war da in irgend einer Art eine Verwandlung der verdünnten oder verdichteten Materie, ein Ausblick über die Sinne hinaus auf ferne Unendlichkeiten.

Die Offenbarung dieses Naturalismus hatte Durtal das vorige Jahr gehabt, als er indes weniger als heute durch das schimpfliche Schauspiel dieses Jahrhundertendes abgemattet war. Das war in Deutschland, vor einer Kreuzigung des Matthäus Grünewald.

Und er schauderte in seinem Lehnstuhl und schloß fast schmerzlich die Augen. Mit einer außerordentlichen Klarheit sah er dieses Bildnis wieder vor sich, jetzt, da er es beschwor; und diesen Schrei der Bewunderung, den er ausgestoßen hatte, als er in den kleinen Saal des Museums zu Kassel eingetreten war, er schrie ihn noch in seiner Seele, als sich in seinem Zimmer der Christus furchtbar auf seinem Kreuz erhob, dessen Stamm von einem schlecht entrindeten Baumast in der Art eines Armes durchkreuzt war, der sich krümmte wie ein Bogen unter dem Gewicht des Körpers.

Dieser Ast schien bereit, emporzuschnellen und aus Mitleid weit von diesem Boden von Schmach und Verbrechen hinweg dieses arme Fleisch zu schleudern, das am Boden die riesigen Nägel, die die Füße durchlöcherten, stützten.

Entrenkt, fast aus den Schultern gerissen, schienen die Arme des Christus in ihrer ganzen Länge durch die Riemen, die mit den Muskeln verquollen, geknebelt. Die gelähmte Achsel krachte; die weit geöffneten Hände schwangen unheimliche Finger, die trotzdem, in einer verwirrten Geste von Gebeten und Vorwürfen, segneten; die Brüste zitterten, von Schweiß glänzend; der Rumpf war gestreift wie von

Daubenreifen durch das erweiterte Gehäuse der Rippen; das Fleisch trieb auf, salpetrig und blau angelaufen, grünfleckig von Flohbissen, getüpfelt wie von Nadelstichen durch die Rutenspitzen, die, abgebrochen unter der Haut, sie noch da und dort mit Splittern spickten.

Die Stunde des wässerigen Eiters war gekommen; die fließende Seitenwunde rann dicker, überschwemmte die Hüfte mit einem Blut, ähnlich dem verdickten Saft der Maulbeeren; rosenfarbiges Blutwasser, Molken, bleichroten Weinen von der Mosel ähnliches Wasser sickerten von der Brust, benäßten den Bauch, unter dem das durchweichte Gewebe eines Leintuches floß; dann stießen die Knie, die mit Gewalt aneinander gezwungen waren, ihre Scheiben zusammen, und die verdrehten Beine schweiften sich bis zu den Füßen, die, einer über dem andern, sich verlängerten, in voller Fäulnis ausschlugen und in Strömen von Blut grün wurden. Diese schwammigen und geronnenen Füße waren schrecklich; das Fleisch sproßte, wuchs über den Kopf des Nagels, und ihre zusammengezogenen Zehen widersprachen der flehenden Geste der Hände, verfluchten, krallten fast mit dem blauen Horn ihrer Nägel den Ocker des Bodens, der voll Eisen war und der roten Erde von Thüringen glich.

Über diesem gährenden Leichnam erschien das Haupt ungestüm und ungeheuer; von einer ungeordneten Dornenkrone bekränzt, hing es ausgemergelt, öffnete es kaum ein entseeltes Auge, wo noch ein Blick von Schmerz und Schrecken schauderte; das Antlitz war uneben, die Stirn war eingefallen, die Wangen ausgetrocknet; alle die zerstörten Züge klagten, während der entsiegelte Mund mit seiner zusammengezogenen Kinnlade in krampfhaften schrecklichen Anfällen lachte.

Die Marter war furchtbar gewesen, der Todeskampf hatte den Eifer der Henker in schreckliche Flucht gewandelt.

Jetzt schien das Kreuz in dem Himmel von nächtigem Blau sich sehr niedrig, fast auf der Fläche des Bodens aufzuschichten, bewacht von zwei Figuren, die auf jeder Seite des Christus standen: – die eine die Jungfrau, mit einer Kapuze von wässerigem Blutrosa bedeckt, die in gedrängten Wellen auf ein Kleid von müdem Azur mit langen Falten fiel, die Jungfrau, streng und bleich, aufgeschwollen von Tränen, die, die Augen stier, schluchzt, indem sie die Nägel in die Finger der Hände vergräbt, – die andre, der heilige Johannes, eine Art Vagabund, ein verbrannter schwäbischer Bauernlümmel von hoher Gestalt, den Bart wie in kleinen Hobelspänen gekräuselt, bekleidet mit Stoffen mit breiten Flächen wie aus einer Baumrinde geschnitten, mit einem scharlachfarbenen Rock, einem gemsenfellgelben Mantel, dessen Futter, bei den Ärmeln aufgestülpt, in das Fiebergrün unreifer Zitronen stach. Erschöpft von Tränen, aber ausdauernder als Maria, die, obwohl aufrecht, gebrochen und zermürbt ist, faltet er jäh die Hände, reckt er sich gegen diesen Leichnam, den er mit seinen roten, berauschten Augen betrachtet, und er würgt und schreit, still, im Aufruhr seiner dumpfen Kehle.

Oh! vor dieser blutbesudelten und von Tränen trüben Schädelstätte war man weit entfernt von diesen sanftmütigen Golgathas, die die Kirche seit der Renaissance angenommen hat. Dieser Christus in Starrkrämpfen war nicht der Christus der Reichen, der Adonis von Galiläa, der Schönling mit guter Gesundheit, der hübsche Jüngling mit den rötlichen Haarlocken, mit dem geteilten Bart, mit den ritterlichen und faden Zügen, den die Getreuen seit vierhundert Jahren anbeten. Dieser da war der Christus des heiligen Justinus, des heiligen Basilius, des heiligen Cyrillus, des Tertullian, der Christus der ersten Jahrhunderte der Kirche, der Christus der vulgär und häßlich war, weil er die ganze Summe der Sünden auf sich lud und aus Demut die niedrigsten Formen annahm.

Das war der Christus der Armen, der sich den allerelendesten von denen, die zu erlösen er kam, zugesellt hatte, den Ungestalteten und den Bettlern, allen diesen, gegen deren Häßlichkeit und Armut die Feigheit des Menschen erbittert ist, und das war auch der menschlichste Christus, ein Christus mit traurigem und schwachem Fleisch, verlassen von dem Vater, der erst dazwischen getreten war, als kein neuer Schmerz mehr möglich war, der Christus, dem die Mutter allein zur Seite stand, die er so wie alle, die man peinigt, mit Kinderschreien hatte anrufen müssen, seine Mutter, die jetzt ohnmächtig und unnütz war.

Mit einer letzten Demut ohne Zweifel hatte er ertragen, daß die Passion nichts enthielt, was über die Spannweite, die den Sinnen gestattet ist, hinausging; und unbegreiflichen Anordnungen gehorchend hat er angenommen, daß seine Göttlichkeit gleichsam unterbrochen war seit den

Backenstreichen und den Rutenhieben, seit den Schmähungen und dem Anspeien, seit allen diesen Gemeinheiten des Leidens bis zu den schaudervollen Schmerzen eines Todeskampfes ohne Ende. Er hatte so besser leiden, röcheln, wie ein Bandit verrecken gekonnt, wie ein Hund, schmutzig und niedrig, indem er in diesem Niedergang bis zum Äußersten ging, bis zur Schmach der Verwesung, bis zur letzten Schande des Eiters!

Gewiß, noch niemals hatte sich der Naturalismus in ähnliche Gegenstände gewagt; niemals hatte ein Maler derart das göttliche Beinhaus in Farben gemischt und seinen Pinsel so brutal in die Eiterpaletten und in die bluttriefenden Näpfchen der Löcher eingetaucht. Das war ausschweifend und war schrecklich. Grünewald war der tollste der Realisten; aber diesen Erlöserstrolch, diesen Gott der Morgue anschauen, veränderte alles. Von diesem schwärigen Kopf sickerten Lichter; ein übermenschlicher Ausdruck erleuchtete die Gärung des Fleisches, die Krämpfe der Züge. Dieses ausgebreitete Aas war das eines Gottes, und ohne Aureole, ohne Heiligenschein, im einfachen Aufputz dieser zerzausten, mit roten Körnern von Blutspritzern besäten Krone erschien Jesus in seinem himmlischen, höheren Sein zwischen der niedergeschmetterten, von Tränen trunkenen Jungfrau und dem heiligen Johannes, dessen verkalkte Augen nicht mehr in Zähren schmelzen konnten.

Diese zuerst so gewöhnlichen Gesichter strahlten, von Ausbrüchen unerhörter Seele umgewandelt. Da gab es keinen Räuber mehr, noch Armut, keinen Bauernlümmel, sondern überirdische Wesen, einem Gotte nah. Grünewald war der tollste der Idealisten. Kein Maler hatte jemals die Größe so herrlich weit getrieben und war so entschlossen von dem Gipfel der Seele in die verlorene Bahn eines Himmels gesprungen. Er war bis zu den zwei Extremen gegangen, und er hatte aus einem triumphierenden Schmutz die feinsten Würzen der auserwählten Liebe, die schärfsten Essenzen der Tränen gezogen. In dieser Leinwand offenbarte sich das Meisterwerk der aus Kontrasten gemischten Kunst, die gezwungen war, das Unsichtbare und das Greifbare wiederzugeben, die trostlose Unreinheit des Körpers zu offenbaren, die unendliche Angst der Seele zu sublimieren.

Nein, das hatte kein Gegenstück in irgend einer Sprache. In der Literatur näherten sich gewisse Seiten der Anna Emmerich über die Passion, aber geschwächt, diesem Ideal des übernatürlichen Realismus und des wahrhaftigen und auferstandenen Lebens. Vielleicht erinnerten auch gewisse Ergüsse von Ruysbroeck, die in doppelten Strahlen von weißen und schwarzen Flammen hervorschossen, in manchen Einzelheiten an die göttliche Niedrigkeit des Grünewald, und doch nicht ganz, das blieb einzig, denn das war zugleich außer dem Bereich und doch unmittelbar auf dem Boden der Erde."

III.

Die Übersetzung von V. H. Pfannkuche aus dem Jahr 1921:

„Die Offenbarung dieses Naturalismus hatte Durtal im vergangenen Jahre erlebt, als er – in geringerem Maße zwar denn heute – am schmachvollen Schauspiel dieses verendenden Jahrhunderts erlahmt war. Es geschah in Deutschland vor einer Kreuzigung von Matthias Grünewald.

Und er erbebte in seinem Sessel, fast im Schmerz schloß er die Augen. In einer ungewöhnlichen, blendenden Klarheit erschaute er neu das Gemälde, dort, gerade vor sich, wie er es jetzt wieder vor sein Gedächtnis berief, und noch einmal heulte er im Geiste den Schrei der Bewunderung heraus, den er ausgestoßen hatte beim Eintritt in den kleinen Saal des Kasseler Museums, während in seinem Zimmer ungeheuerlich der Christ sich aufrichtete an einem Kreuze, dessen Stamm als Arm der schlecht geschälte Ast eines Baumes durchquerte, der wie ein Bogen unter der Last des Körpers sich neigte.

Dieser Ast schien zum Aufschnellen bereit, um voller Mitleid dies armselige Fleisch in die Ferne zu schleudern, weit ab von diesem Land des Schimpfes und der Verbrechen – dies arme Fleisch, das, dem Boden zu, die ungeheuren Nägel festhielten, welche die Füße durchbohrten.

Ausgerenkt, fast aus den Schultern gerissen, schienen die Arme des Christus in ihrer ganzen Länge geknebelt durch die riemenartig gewundenen Muskeln. In bitterer Zerrung krachte die Achselhöhle, die weitgeöffneten Hände zückten wild ihre Finger, die dennoch segneten, in ihrer Haltung Gebete und Vorwürfe miteinander verwirrten; die Brüste zitterten in schweißigem Glanz, der Rumpf war gestreift wie von Daubenbändern, infolge der Blähung des Rippengehäuses; die Fleischmassen schwollen auf, salpeterfarben und bläulich; übersprenkelt mit Flohbissen, wie mit Petersilie betupft, wie mit Nadeln zerstochen durch die Rutenspitzen, die unter der Haut abgebrochen waren und hier und dort sie splitterig spickten.

Die Stunde der bleichen Eitergewässer war gekommen; die strömende Seitenwunde rieselte dichter und überschwemmte die Hüfte mit einem Blut, das gedunkeltem Safte von Maulbeeren glich; rosiges Wasser der Adern, Molken, Gewässer gemahnend an trübe Moselweine schwitzten aus der Brust, näßten den Bauch, unter dem sich in beuliger Schlinge ein Leintuch wand; dann zerstießen die Knie, mit Gewalt zusammengedrängt, sich die Scheiben, und die gewundenen Beine schweiften sich bis zu den Füßen, die tief in Verwesung austrieben und grünten in Strömen von Blut. Diese Füße, schwammig und geronnen, waren ein Schrecken; das Fleisch trieb sprießend auf, schwoll über den Nagelkopf, und die gefalteten Zehen widersprachen mit ihren Verwünschungen der flehenden Geste der Hände, erkrallten sich fast mit dem blauen Horn ihrer Nägel den ockerfarbenen Boden, den Eisen durchsättigte wie die purpurne Erde des thüringischen Landes.

Über diesem ausbrechenden Leichnam erschien ungeheuer und voller Aufruhr das Haupt; umkreist von einer wirren Dornenkrone hing es ausgemergelt herab, öffnete es kaum ein gebrochenes Auge, in welchem ein Blick des Schmerzes und der Schrecknis noch schauderte; das Antlitz hügelig, die Stirne geebnet, die Wangen verdorrt; alle Züge weinten in der Zerstörung, während der Mund mit seinem Kiefer, den scheußlich schüttelnder Starrkrampf preßte, sich lachend entsiegelte.

Grauenvoll war die Marterung gewesen. Der Todeskampf hatte die munteren Henker in Schrecken und Flucht gejagt.

Jetzt schien das Kreuz unter dem Himmel von nächtigem Blau sich ganz niedrig fast auf den flachen Boden hinzuschichten, mit seiner Wache von zwei Gestalten, die sich dem Christus zur Seite hielten: die eine die Jungfrau, bedeckt mit einer Kapuze vom Rosa verwässerten Blutes, die in steifen Wellen auf ein Kleid von mattem Azur mit langen Falten fiel; die Jungfrau streng und bleich, tränenverdunsen, starren Auges schluchzend, die Nägel vergrabend in den Fingern – die andere Gestalt Sankt Johannes, eine Art von Vagabund, von sonnverbranntem schwäbischen Bauernknorz, von hoher Statur, den Bart in Hobelspänchen verkräuselt, gekleidet in steife breitflächige Stoffe, die wie aus Baumrinde geschnitten waren, in einen scharlachfarbenen Rock und einen Mantel gelb wie Gemsleder, dessen Futter, an den Ärmeln gestülpt, ins fiebrische Gelb unreifer Zitronen stach. Erschöpft von Tränen, aber widerstandsfähiger als Maria, die trotz aufrechter Haltung zerbrochen ist und niedergeworfen, faltet er die Hände, in mächtigem Schwung bäumt er sich auf zu dem Leichnam, den er mit roten umdünsteten Augen betrachtet, schreit er würgend, erstickend im Aufruhr der heiser verdumpften Kehle.

Wie war man vor diesem Kalvarienberge, den Blut besudelt, den Tränen durchweichen, jenen milden Golgathas entrückt, mit welchen die Kirche seit der Renaissance sich umgab! Dieser Christus im Starrkrampf war nicht der Christus der Reichen, der galiläische Adonis, der gepflegte gesunde Schönling, der Zierjunge mit rötlichen Locken und gescheiteltem Bart, mit faden Edelingszügen, den seit vierhundert Jahren die Getreuen verehren. Dies war der Christ des heiligen Justinus, des heiligen Basilius, des heiligen Cyrillus, des Tertullian, der Christ aus den ersten Jahrhunderten der Kirche, ein Christus, häßlich und gewöhnlich, weil er die ganze Summe der Sünden auf sich nahm und aus Demut in die verworfenste Gestalt sich kleidete.

Es war der Christ der Armen, er, der sich den Elendesten gleichgestellt, zu deren Erlösung er kam, den Entwürdigten und den Bettlern, allen, gegen deren Häßlichkeit und Armseligkeit die Feigheit des Menschen ergrimmt; und es war auch der menschlichste Christ, schwach und betrübt im Fleische, verlassen vom Vater, der sich ins Mittel legte erst, als kein neuer Schmerz mehr zu erdenken war; der Christ, dem einzig die Mutter noch beistand, die er mit kindlichem Schrei hatte rufen müssen, wie alle es tun, die man martert, eine Mutter, ohnmächtig, zur Hilfe nicht nütze.

Kraft letzter Demut, daran war nicht zu zweifeln, hatte er

es ertragen, daß die Passion sich nicht hinausschwang über die Spannweite, die den Sinnen zugänglich ist; gehorsam den unerforschlichsten Ratschlüssen, hatte er sich darein gefügt, daß mit den Backenstreichen und Rutenschlägen, mit Schimpf und Bespeichelung, mit all diesen Raubzügen des Leidens sein göttlicher Lauf gleichsam unterbrochen ward, bis hin zu den entsetzlichen Schmerzen endloser Agonie. So hatte er besser dulden können, hatte er röcheln, verrecken können, wie ein Strauchdieb, wie ein Hund in Schmutz und Niedrigkeit, da er im Abstieg bis ans Ende ging, bis zur Schmach der Verwesung, bis zum letzten eitrigen Schimpf.

Sicherlich, niemals noch war der Naturalismus in gleiche Gegenstände geschlüpft; niemals hatte ein Maler auf diese Art das göttliche Beinhaus gebraut und so brutal seinen Pinsel in die Paletten der inneren Gewässer, in die blutrünstigen Näpfe der Wundlöcher getaucht. Es war maßlos und schrecklich. Grünewald war der Besessenste unter den Realisten; doch wenn man diesen Erlöser des Rinnsteins, diesen Gott der Morgue betrachtete, dann änderte sich das Bild. Aus diesem verschwärten Haupt sickerte ein Leuchten; ein übermenschlicher Ausdruck verklärte den Wundbrand des Fleisches, die Verkrampfung der Züge. Dieses verquollene Aas war eines Gottes Aas, und ohne Aureole, ohne Nimbus, in dem einfachen Aufputz dieser zerzausten, mit roten Körnern von verspritztem Blut übersäten Krone erschien Jesus in seiner himmlisch erhobenen Wesentlichkeit, zwischen der niedergeschmetterten, tränenertrunkenen Jungfrau und einem heiligen Johannes, dessen verkalkte Augen keine Träne mehr aufzuschmelzen vermochten.

Diese zunächst so gewöhnlichen Gesichter strahlten und schimmerten, umgestaltet durch unerhörten seelischen Überschwang. Da war kein Strauchdieb mehr, kein ärmliches Weib, kein Bauernknorz: da waren überirdische Wesen versammelt um einen Gott.

Grünewald war der Besessenste unter den Idealisten. Niemals hatte ein Maler so großartig die Höhe übersteilt und sich mit solcher Entschlossenheit vom Gipfel der Seele in den verschwindenden Kreis eines Himmels geschnellt. Er war bis zu den beiden Extremen gegangen, und er hatte, triumphierend im Kot, die feinsten Minzen der Liebe, die schärfsten Essenzen der Tränen destilliert. Auf dieser Leinewand offenbarte sich das Meisterwerk bedrängter Kunst, die unter dem Geheiße steht, das Unsichtbare und das Greifbare wiederzugeben, die tränenverschwemmte Unsauberkeit des Körpers zu bekunden, die unendliche Not der Seele ins Erhabene zu steigern.

Nein, dies fand nichts Gleichwertiges in irgendeiner Sprache. In der Literatur näherten sich gewisse Seiten der Anna von Emmerich über den Leidensweg des Herrn diesem Ideal eines übernatürlichen Realismus, einer wahrheitsgetreuen und überschwenglichen Lebensgestaltung – doch nur in gehöriger Abschwächung. Vielleicht erinnerten auch gewisse Ergießungen des wunderbaren Ruysbroeck, die in Zwillingspaaren von weißen und schwarzen Flammenstrahlen ausbrachen, in manchen Einzelheiten an die göttliche Verworfenheit Grünewalds – und dennoch – nein, dies blieb einzigartig, denn es war zu gleicher Zeit außer jeglicher Greifweite und platt am Bauch der Erde.

„Aber dann...“, sagte sich Durtal, erwachend aus seiner Träumerei, „aber damit lande ich ja, wenn ich logisch bin, beim Katholizismus des Mittelalters, beim mystischen Naturalismus; ach, nein, bedenke doch, und dennoch ja!“

IV.

Joris-Karl Huysmans hat sich selbst als einen *fou furieux* der Malerei bezeichnet. Seine zahlreichen Veröffentlichungen zu diesem Themenkreis belegen das. Es sei nur an die unter den Titeln *L'Art Moderne* (1883) und *Certains* (1889) gesammelt erschienenen Arbeiten erinnert. Er wies bereits 1876 auf Degas hin, trat für die Impressionisten ein, für Monet, Cézanne, Gauguin, war mit Manet bekannt und schrieb über Gustave Moreau, Odilon Redon und Félicien Rops, so daß Kurt Martin Huysmans mit vollem Recht einen „Vorkämpfer für die französische Moderne“ nennen konnte.

In besonderer Weise aber hat sich Huysmans um die Wiederentdeckung Grünewalds verdient gemacht. Seine Beschreibung der Karlsruher Kreuzigung hob dessen Werk wieder ins Bewußtsein der an Kunst interessierten Öffentlichkeit, machte neugierig auf einen Maler, der bis dahin kaum beachtet worden war.

Bewundert an Grünewald hat Huysmans immer wieder dessen Realismus, dessen Mut zum ungeschminkten Ausdruck menschlichen Leidens. Nicht süßliche Passionsmalerei, sondern die Schilderung realen Schmerzes war sein Anliegen. „Eine seltsame Nervosität erfüllt Grünewalds Kunst", schreibt Charlotte Weise, „er sucht innere Gesichte und seelische Erregungen in seinen Bildern wiederzugeben. Er ist erfüllt von leidenschaftlichem Temperament, und seine Werke wirken wie ein monumentaler Ausbruch deutscher Mystik. Alles ist bei ihm mit höchstem Ausdruck gesättigt und in höchster Subjektivität aus seinem inneren Erleben heraus geboren. Seine Kunst steht unter dem Zeichen der erregten Zeit der Reformation." Und der Bauernkriege, läßt sich ergänzen.

Christus ist bei Grünewald denn auch nicht der Christus der Reichen, der wohlgepflegte Mann am Kreuz, wie ihn die Kirche noch heute den Gläubigen präsentiert. Als ihn die Schläge und Geißelhiebe treffen, steht er ohne Heiligenschein da. Sein Todeskampf ist ein wirkliches, ein langes, ein qualvolles Sterben. Erst dadurch aber kommt er den Menschen nahe, als geschundene, gequälte Kreatur, als menschlicher Gott.

LITERATURANGABEN ZUR DEUTSCHEN REZEPTION

Die Kreuzigung des Matthaeus Grünewald. (Auszug aus Huysmans' Roman *Là-bas,* Paris: Stock 1891) In: *Pan.* Berlin, Juni/Juli/August 1895, Jg. 1, Heft 2, S. 94–96

Gekürzte, freie und mit einem Begleittext versehene Übertragung durch Oskar Eisenmann

Dort Unten. Roman. Berechtigte Übertragung (durch Gustav Gugitz). Eingeleitet von René Schickele. Leipzig: Magazin-Verlag Jacques Hegner (1903). 258 S./237 S.

(= *Kulturhistorische Liebhaberbibliothek Bd. 6 und 7*) Diverse Ausgaben! Zuletzt unter dem Titel *Tief unten,* mit einem Nachwort von Manfred Ach, Zürich: Diogenes 1987. Hier zitiert nach der „fünften, durchgesehenen Auflage", Leipzig: Friedrich Rothbarth o. J. (216 S./214 S.), dort Bd. 1, S. 13–19

Nachdruck der Übertragung von Oskar Eisenmann. In: H. H. Josten: *Matthias Grünewald.* Bielefeld/Leipzig 1913. S. 74–76

In einer Anmerkung kritisiert der Autor die von G. Gugitz

besorgte deutsche Ausgabe als eine „kaum lesbare", „unglückliche Übersetzung".

Tief unten. Roman. Deutsch von V. H. Pfannkuche. Potsdam: Gustav Kiepenheuer 1921. 297 S.

Diverse Ausgaben! Hier zitiert nach der Ausgabe Köln/Berlin: Kiepenheuer & Witsch 1963, S. 14–20

Geheimnisse der Gotik. Drei Kirchen und drei Primitive. Übersetzt und mit einem Anhang von Stefanie Strizek. München: Georg Müller 1918. 199 S., 24 Abbildungen. Mehrere Auflagen!

Mathias Grünewald. München: O. C. Recht Verlag 1923. 67 S., 19 Tafeln. Enthält den Grünewald-Essay aus *Geheimnisse der Gotik* (1918), S. 97–136, sowie Anmerkungen und einen Auszug aus der *Là-bas*-Übersetzung von V. H. Pfannkuche (1921)

Kurt Martin: *Grünewalds Kreuzigung der Karlsruher Galerie in der Beschreibung von Joris-Karl Huysmans.* In: *Genius. Rheinische Bilder und Studien.* Mainz: Florian Kupferberg 1947. Bd. 1, Heft 2, S. 149–159

Enthält die Eisenmann-Übertragung (1895) und den Grünewald betreffenden Auszug der Übersetzung von V. H. Pfannkuche (1921)

Eberhard Ruhmer (Hg.): *Matthias Grünewald – Die*

Gemälde. Mit zwei Essays von Joris-Karl Huysmans. Köln 1959

Enthält gekürzte Fassungen des Grünewald-Essays aus *Geheimnisse der Gotik* (1918) und einen ebenfalls gekürzten Auszug aus der *Là-bas*-Übersetzung durch V. H. Pfannkuche (1921)

Kurt Martin: *Grünewalds Kreuzigungsbilder in der Beschreibung von Joris-Karl Huysmans.* Mainz/Berlin: Florian Kupferberg 1966. 40 S., 25 Bildtafeln

Enthält u. a. die Übertragung von Eisenmann (1895), einen Auszug aus der Übersetzung V. H. Pfannkuches (1921), einen französischsprachigen Auszug aus *Là-bas* (1891) und Auszüge aus dem Grünewald-Essay (1918)

WEITERFÜHRENDE LITERATUR ZUM BUCH

L. D. (= Lucien Descaves): *Note* (Nachwort zu *Trois Églises et Trois Primitifs*) In: Joris-Karl Huysmans: *Œuvres complètes.* Volume XI. Genève: Slatkine Reprints 1972 (nach der Ausgabe Paris 1930). S. 359–363

Charlotte Weise: *J.-K. Huysmans' Beziehungen zur Malerei.* Bochum 1934 (Dissertation Jena). 80 S.

Gustave Vanwelkenhuyzen: *Le manuscrit de ‚Trois Primitifs'.* In: *Bulletin de la Société J.-K. Huysmans.* Paris, Dezember 1936, Nr. 15, S. 12–23

Helene Bilz: *Die Kunstkritik bei J.-K. Huysmans und ihre Bedeutung für seine eigene und die allgemeine literarische*

Entwicklung in Frankreich. Bottrop 1937 (Dissertation Greifswald). 67 S.

Pierre Brunel/André Guyaux: *Deux carnets inédits de Huysmans.* Contribution à une étude de la genèse de ‚*Trois Primitifs*'. In: *Revue d'Histoire Littéraire de la France.* Paris, September/Oktober 1980, Jg. 80, Nr. 5, S. 777–785

Christian Berg: *Huysmans et les Primitifs flamands.*/ Michel Lioure: *Huysmans et Grünewald – Rhétorique, Esthétique, Mystique.*/ Christian Heck: *Grünewald et le culte des Primitifs septentrionaux chez Huysmans.*/ Jean-Luc Steinmetz: *L'art et son au-delà*/ Ward Jackson: *Les peintres expressionistes allemands devant le Grünewald de Huysmans.* In: André Guyaux/Robert Kopp: *Huysmans – Une esthétique de la décadence.* Actes du colloque de Bâle, Mulhouse et Colmar des 5, 6 und 7 novembre 1984. Genève/ Paris: Éditions Slatkine 1987. S. 249–299

EDITIONSNOTIZ

Im September 1903 unternimmt Huysmans in Begleitung von Abbé Mugnier eine Reise nach Straßburg, Colmar, Basel, Freiburg, Mainz, Köln und Frankfurt. In Colmar besuchen sie das Museum Unterlinden und besichtigen den Isenheimer Altar. Sein Artikel *Les Grünewald du Musée de Colmar* erscheint im März 1904, reich bebildert, in der Zeitschrift *Le Mois littéraire et pittoresque*, Paris, Jg. 6, Bd. 11, S. 282–300.

1905 publiziert Huysmans ihn, chez Messein à Paris, unter dem Titel *Trois Primitifs* zusammen mit dem bis dahin unveröffentlichten Essay *Frankfurt am Main.* 1908, ein Jahr nach seinem Tod, aber von Huysmans noch selbst zur Drucklegung vorbereitet, verlegt Stock in Paris dann das Buch *Trois Églises et Trois Primitifs.* Die Aufsätze über Notre-Dame und Saint-Germain-l'Auxerrois waren bereits in der Zeitschrift *Le Tour du Monde* veröffentlicht worden, der Text über Saint-Merry erschien erstmals. Weitere Ausgaben: Paris 1930 in Band 11 der *Œuvres complètes.* Dass. als Slatkine Reprint, Genève 1972. Außerdem: ein Nachdruck der Ausgabe 1905 im Jahre 1952 und eine reich bebilderte Ausgabe der *Trois Primitifs* bei Flammarion, Paris 1966.

Die deutsche Ausgabe erschien 1918 bei Georg Müller in München. Sie wird hiermit erstmals wieder, als Reprint, vorgelegt. Satzfehler und Unstimmigkeiten, etwa in den Anmerkungen, wurden verbessert, die Paginierung durchgängig erneuert. Außerdem wurden die Bildbeigaben in den Text integriert. Da sich die Übersetzerin Stefanie Strizek und auch ihre Rechtenachfolger nicht ermitteln ließen, erklärt sich der Verlag hiermit bereit, berechtigte Ansprüche entgelten zu wollen.

Abbildungen der Seiten 2, 104, 118, 121, 124, 129, 132, 152, 190: Archiv für Kunst und Geschichte, Berlin

INHALT